凤凰师轩
FENGHUANG SHIXUAN

从优秀走向卓越

国际化名校的素质教育手记

项恒鹏　编著

江苏凤凰教育出版社
Phoenix Education Publishing, Ltd

图书在版编目（CIP）数据

从优秀走向卓越：国际化名校的素质教育手记/项恒鹏编著.
—南京：江苏凤凰教育出版社，2014.10
ISBN 978-7-5499-4430-9

Ⅰ.①从… Ⅱ.①项… Ⅲ.①小学—素质教育—广州市
Ⅳ.①G622.0

中国版本图书馆CIP数据核字（2014）第213064号

书　　名 从优秀走向卓越——国际化名校的素质教育手记
作　　者 项恒鹏
责任编辑 午新生　雷利军　闫丽春
出版发行 凤凰出版传媒股份有限公司
江苏凤凰教育出版社（南京市湖南路1号A楼　邮编210009）
苏教网址 http：//www.1088.com.cn
照　　排 润星之源文化有限公司
印　　刷 三河市华润印刷有限公司
厂　　址 河北省三河市杨庄镇杨庄村
开　　本 787毫米×1092毫米　1/16
印　　张 15.25
字　　数 220千字
版　　次 2014年10月第1版　2014年10月第1次印刷
书　　号 ISBN 978-7-5499-4430-9
定　　价 30.00元
网店地址 http：//jsfhjycbs.tmall.com
邮购电话 025-85406265，85400774　短信　02585420909
E - mail jsep@vip.163.com
盗版举报 025-83658579

序一

从优秀走向卓越

一、历史和成绩：一脉文心已近二十载

广外外校创办于1993年，20年间，广外外校从一个只有40名学生的初中教学班开始，发展到现在成为拥有130多个教学班，5000多名学生，小初高三阶段贯通的完备的学校，学校的办学水平和英语特色得到了社会的广泛认可和赞誉，被教育部认定为“具有推荐保送生资格的全国13所外语学校”之一，还被评为“广东省一级学校”。

回顾20年来的办学历程，广外外校全体教职员工怀着对基础教育事业的赤诚之心，艰苦创业、努力拼搏，走出了一条勇于开拓、敢于创新的素质教育发展之路。学校坚持英语特色素质教育实验学校的办学定位，不断克服了政策限制、师资匮乏等不利的客观因素，从创立教育品牌、探索教育模式、培养优秀教师等工作入手，一步一个脚印，一年一个台阶，逐步进入了“高投入、高质量、高效益”的良性发展轨道。20年来，大学对外校发展的支持不遗余力，在起步阶段，充分利用附中已有办学条件和大学师资；在发展阶段，划拨原外贸学院校区145亩土地和相关物资设备作为发展平台，并积极争取小语种单独考试、保送生资格学校等政策支持，为外校的繁荣发展提供了坚强的后盾。现在，广外外校不但自身发展良好，还在大学的支持下不断向外延伸，作为“外校”品牌的“老大”，广外外校还向中山外校、增城外校、肇庆外校等学校输出了办学理念、模式和骨干人员，广外外校已经成为我省基础教育的一个知名品牌。

近年来，广外外校不断开拓办学思路，创新办学模式，设立了国际部，引进优质国际教育资源，为毕业生直接进入海外大学深造搭建立交

桥，开辟直通车。

二、未来和目标：从优秀走向卓越

成绩属于过去。面对广外外校发展的第三个十年，我们要清醒地看到面临的形势和挑战。毋庸赘言，随着国家对公办教育投入的加大，公办教师待遇逐年提高，民办学校以高薪金吸引了高水平教师的竞争优势越来越淡化，广外外校发展面临的形势日益严峻。同时，随着社会发展和教育改革的深入，基础教育领域的竞争更趋白热化，一些曾经名不见经传的普通校和新建校大有后来居上之势，而一些历史名校也在不断进行自我超越，“大浪淘沙金自留”，在这种竞争格局下，我们要“把一所什么样的外校带入下一个十年”“如何建设这样的外校”，广外外校可能是遭遇到了“成功后的困惑”和“成长的烦恼”这两个普遍问题。我想，如果说大学对外校的发展有什么要求的话，这个要求就是：外校要从优秀走向卓越。有人说，怎么样才算卓越，卓越的标准是什么？在这里，我不妨作一个不太准确的类比。在广东，华师附中的名气和声誉可以说比华南师范大学还要高，但广外外校的名气和声誉可能还赶不上广东外语外贸大学。比如，从“入口”和“出口”来看，广东外语外贸大学的招生分数线排在中大、华工和暨大之后，稳居全省第四位；学校的就业率、就业层次和就业起薪都非常高，呈现“三高”态势，继2010年被教育部评为“全国高校毕业生就业工作先进集体”后，学校又于今年7月作为广东省高校唯一代表获评“全国就业先进工作单位”。从这两个方面看，广外外校在全省基础教育领域的地位可能还赶不上广外在高等教育领域的地位。所以，我个人觉得，什么时候广外外校的名气和声誉超过广外了，卓越的标准就算达到了，我期待着那一天早日到来！

如何从优秀走向卓越，我个人的思考有以下几点，供大家参考。

第一，根植素质教育实验的沃土，办一所素质教育的典范学校。广外外校是一所素质教育实验学校，一直以“对每个学生的终身发展负责，培养走向世界的现代人”和“轻负荷、高质量”为社会所熟知和认可。教育部中学校长培训中心主任陈玉琨教授曾经说过一句话：一所学校，没有升学率是万万不行的，但只有升学率也成不了一流学校。作为一所成功的素质教育实验学校，广外外校一定要进一步明晰办学理念，要更加关注学生的综合素质、终极幸福和可持续性发展，更好地满足学生和社会对个性化、差异化，丰富多样、可选择性强的学校教育的要求，走出一条综合素质和考试成绩、公益教育与经济效益的双赢之路。

第二，全面提升教育教学质量，办一所教育教学质量强校。教育教学质量是学校的“生命线”，作为教育教学质量强校，保持较高的升学率、重点率和进顶尖名校的学生数是应该的，当然，这种成绩的取得也必须通过科学的方法实现。广外外校要继续坚持以教学为中心，进一步探索方法和途径，调动全体教师的积极性，提升教师队伍的整体素质。同时，也要把好招生“进口关”和学生培养的“出口关”，以人才培养质量的高水平显示教育教学质量的高水平。

第三，坚持英语办学特色，办一所国际化的基础教育名校。特色就是优势，特色就是竞争力，但真要把特色转化为优势，转化为竞争力，广外外校还需要把自己的英语办学特色变得更精、更强。一方面，要加大力度提升英语教师的整体素质，充分利用大学的外语资源，使英语办学特色更加凸显；另一方面，要继续开拓办学思路，适应基础教育的国际化发展趋势，积极探索国际化办学之路，拓宽学生升学出口，办一所国际化的基础教育名校。大学刚刚跟南沙区政府签订了协议，南沙区政府将划拨1000亩教育用地给学校用于中外合作办学。其中，800亩教育用地用于“广外—兰卡斯特大学”建设，200亩教育用地由大学配套建设广州市南沙区第一所国际学校，相信这将成为我校又一个国际化办学特色的展示平台。

三、当下和要求：用管理去提升学校水平

第一，干教育，需要一点精神。古人云：教者，国之大事，兴亡之道，不可不察也。我们可以这样说：经济能保证我们的今天，科技可以保证我们的明天，只有教育才能保证我们的后天。所以，干教育，是需要一点精神的。这句话既是说给大家听的，也是说给学校的领导班子听的。对于一个学校的发展，领导班子的作用至关重要，领导班子的能力决定着学校发展的水平，领导班子的境界决定了学校发展的高度。近二十年来，广外外校的历任领导班子都具有很高的能力和境界，具有办好教育、办好外校的精神，但同时，也要把这种精神传达给广大干部和教师，增强大家的责任心和凝聚力。办好外校，不是一件事情，而是一项事业，只有学校发展好了，教师才能发展得更好，我们必须有这样的精神和境界！

作为干部和教师个人，这种教育精神要更多地体现在潜心教书、全心育人上。不可否认，外校的很多孩子“非富即贵”，有时可能会带有各种不良的风气和习惯，但作为教育工作者，我们不能被浮躁的社会风气所扰、所惑，教育学生是一名教育者的天职，一名真正的好教师一定会把自己的爱心和精力倾注在学生健康成长方面，没有这一点精神是培养不出优秀学生的。

第二，办学校，需要规范管理。规范管理、依法治校是办好一所学校的必由之路，学校管理的目的是规范人、引领人、服务人、发展人、成就人，这就需要整个学校管理系统的优化和提升。对教师管理来说，重点是制度化、规范化，要做到制度面前人人平等，制度约束没有例外，要以制度管人，以规范服人。同时，管理也要日益精细化、人性化，要关心教师的日常生活，让教师体会到集体的温暖，体会到学校的人情味。这样，学校就会更有凝聚力，教师队伍就会更有战斗力。

至于学生管理方面，要严格管理和个性管理相结合。以我的经验来说，我一直有个观点，名师出高徒是偶然的，严师出高徒才是必然的。梭罗说过，一棵树长到一定的高度，才知道怎样的空气更适合。人也是如此，在学生认知能力还不够高的时候，一定要对他们进行积极引导，严格管理，让他们掌握必要的知识和能力。同时，在方法上，要注意个性化，充分尊重学生的个性和创造性，培养学生的自我管理能力。

第三，做管理，需要提升素质。中层管理干部担负着多种角色：既是决策的参与者，也是部门的管理者；既是组织的沟通者，也是部门的稳定者；既是管理人员，也有可能是教师；既是被管理者，也有可能是未来的领导者。做好管理，就是要适应不同的角色，提高综合素质，特别是提高领导力和执行力。提高领导力，就是要求你既要懂业务，也要懂管理，争做“专家型管理者”。因为教师作为知识分子群体，学生作为青少年群体，这两者的管理都是管理学方面的难题，单纯运用行政管理的手段效果并不好，还需要充分发挥“非权力”影响，通过增强管理艺术来提高管理效率。提高执行力，就是要求有令必行、有禁必止，通过具体的组织、协调、督促、检查等环节，将学校的各项工作落到实处，并见到成效。提高协调力，就是要求在处理同事之间的关系方面，要会沟通、会协调，这也是一项非常重要的干部能力。

教育者又称“追梦人”，机遇与挑战并存，回顾过去20年的发展道路，我们倍感骄傲；展望未来第三个十年，我们信心满怀。让我们携起手来，以开拓创新的勇气面向未来，以自强不息的精神创造未来，把广外外校建设得更漂亮、更现代、更美好！

广东外语外贸大学校长仲伟合

2012年8月24日

序二

培养走向世界的现代人

——做教育现场的目击者、记录者、思考者

创办于1993年的广州市广外附设外语学校（以下简称“广外外校”）到今年已经整整走过20载。对于一个人来说，20岁正值青春年少走向壮志凌云之时，而对于一个学校来说也是如此。她由广东省重点高校广东外语外贸大学全资创办，在广东省这块改革开放的热土上，走出了一条国有民办学校的特色办学之路，如今已成为一所拥有5600名学生，700名教职工，校园占地面积300亩，囊括小学到高中12年一贯制的国际化外语特色全寄宿制学校。

成绩的取得离不开一批又一批加盟广外外校的来自全国各地的优秀教师，是他们的努力与付出成就了学校的今天，项恒鹏老师就是其中的一位。六月上旬的一天中午，项老师将本书的打印稿很虔诚地递给我，希望我能为这本书写序，我欣然同意了，并且认真地又重新浏览了一遍书稿（因为这本书的所有文字几乎都来自于项老师十几年如一日地为校园网所写的各种活动报道）。再次浏览，仍然感动于心，为项老师的笔耕不辍，为那份勤奋而感动，为书中的那些老师、那些孩子、那些家长的执着而感动，更为所有耕耘在外校的教育追梦人而感动。

项老师的这本书既是个人专辑，也是对外校小学部成长的见证。1999年，在外校中学有着六年成功办学经验的基础上，在天鹅湖畔的一栋筒子楼里，小学部诞生了。她在枝翠蕊红的暖春里萌芽，在荷花初绽的夏日里茁壮，在首批创业者的滚烫汗水的浇铸下，从无到有，由幼而壮。她伴随着新课程改革的步伐一路走来，羽翼渐丰。

项老师作为伴随着小学部一路成长起来的老师，也是教育现场的目击

者。他忠实地将外校教师和学生的教育教研、教学、学习和生活及成长经历以及家长始终如一的对外校的支持理解……点点滴滴呈现在大家面前。如唇枪舌剑的教研例会、趣味盎然的年级组活动、令人回味的下乡送课、喊声震天的校运动会、内容丰富的精美展板、幸福难忘的师生秋游、叽叽喳喳的图书换购、训练有素的逃生演习、津津乐道的“五大节”（英语节、读书节、体育节、科技节、艺术节）……林林总总，滴水藏海。相对于叙事宏大的教育理论专著，我认为这样一些有关日常教育教学的小反思、小叙事、小场面更能打动读者，我们从这些精彩的学校生活的场景中读到的是外校人的高瞻远瞩和博大的胸襟和气魄，读到了作为一所国际化名校“培养走向世界的现代人”的世界视野、现代意识和人文情怀。

美国作家吉姆·柯林斯在《从优秀到卓越》一书的开篇就阐述了“优秀是卓越的大敌”的观点，这似乎与我们“从优秀到卓越”的惯常理解相悖，但读完这本书我们才发现，柯林斯并没有说“因为优秀，所以不能卓越”，而是告诉大家“因为优秀，所以难以卓越”，因为我们往往会止步于“优秀”的台阶而安于现状，从而无法达到卓越。作为一所国际化学校，作为已经走向“优秀”的外校人，接下来我们要开始的是一次探索之旅——找出从优秀到卓越的必要因素，然后如书名所期望的那样：共同走向卓越。

叶澜教授曾指出，一个教师写一辈子教案，不一定成为名师，如果一个教师写三年教学反思则可能成为名师。写作到底意味着什么？葡萄牙作家佩索阿曾经说过：“写下便是永恒。”对于教师来说，写作更像是一种修行，写作的过程也是成长的过程。动态的校园报道不断积淀，就能推动学校教育理念转化为教育经验，孵化成品牌。形成品牌就意味着比别人先行一步，从而促进学校健康发展。希望所有教师都能如项老师那样，在经年累月的修行中成长起来，让我们的学校因为拥有这样的一群老师而实现“从优秀走向卓越”。

广外外校校长助理兼小学部主任叶和丽

2014年6月15日

目　　录

学生篇

教师篇

家 校 篇

学 生 篇

质量！特色！国际化！这是一所国际化基础教育名校，这里的孩子们无忧无虑、阳光开朗、彬彬有礼、高雅大气、聪慧而有主见……反对教育标准化、反对课程的狭窄化，自由度与责任心比翼生辉，轻负荷、高质量，全员育人，让学生在个人素养、社会交往和智能学识方面获得健康成长，塑造健全人格，培养走向世界的现代人。

先为人，后为学。学校提倡的活动育人，并非是对信息的追逐，也不能狭隘地理解为文体活动，而是涉及教育、教学各个成长领域的本质上的更具灵活性和体验性的学习。活动中，学生之间建立起富有意义的人际关系，练习表扬和批评别人，也接受别人的称赞和责难，学习以正面积极的方式相互传递赞扬和批评，以尊重和进取之心对待彼此。学校非常重视人际关系的价值和影响，因为它直接关系到学生获得丰富而美满生活的能力。

学生是个人成长的最终裁判者，学校只是人生的一个中转站。做生本的德育，做生本的教学。从一开始，学校就鼓励学生自己对自己负责，自己主导自己的教育，鼓励学生以思辨的态度看待事物，不害怕提问。教师和学生的热情相互感染，把活动课程组织得丰富多彩、密切联系又各具特色。

读书育人

敞开嗓门诵诗　打起精神读书

——我校首届读书节闭幕式小学部专场

“不读书的民族，是没有希望的。”2009 年 4 月 23 日是“世界读书日”，前国务院总理温家宝在商务印书馆和国家图书馆与编辑和读者交流读书心得时说，提倡全民族“读书好，好读书，读好书”。4 月 23 日，我校举行了首届读书节总结活动，傍晚时小学部在黄华楼礼堂隆重举行了读书节闭幕式，现场激情满怀的诵诗环节把读书节活动推向了又一个高潮。“青春外校，敞开嗓门诵诗；盛世中华，打起精神读书。”小学部教学主任叶和丽老师，学生处主任刘文娟老师，低语、高语组的老师及一至六年级学生代表共 900 余人参加了闭幕式。

在雄壮激昂的音乐声中，三年级（4）班同学朗诵的《长征组诗》拉开了“首届读书节闭幕式”的序幕——《长征》的“红军不怕远征难”抒发了伟人激越豪迈的乐观主义情怀，《十六字令》的“惊回首，离天三尺三”展示了革命战士驰骋疆场的英勇形象，《忆秦娥·娄山关》的“苍山如海，残阳如血”慷慨悲烈、雄沉壮阔，《沁园春·雪》的“俱往矣，数风流人物，还看今朝”表现了前无古人的胸怀与气魄。同学们的朗诵气势磅礴、慷慨激昂，表现出了极强的艺术感染力。

“母爱是温馨的怀抱，父爱是无声的牵挂；我们沐浴着父爱的阳光长大；我们滋润着母亲的真情成长；今天，就让我们用自己的心声，感恩我们亲爱的父母。”三年级（1）班同学表演的《感恩父母》把对亲情的吟诵表演得淋漓尽致。“月圆之夜有一丝淡淡的愁绪，佳节之际有一份难忘的情怀。”三年级（10）班师生同台表演的诗歌剧《望月怀想》，让人领略了古典诗歌的意蕴美。“当我走进外校校园，总能看见一张张笑脸。这是老师无私奉献、爱心满园的笑脸，这是同学收获知识、放飞希望的笑脸。这笑脸是美丽的花朵，绽放在校园的每个角落。”四年级（5）班的学生和高语组老师合诵的诗歌——《当我走进我的校园》给读书节闭幕式增添了一抹亮色。同学们在闭幕式上还兴致盎然地观看了校电视台精心制作的读书节电视专题片。高语组衷颖老师主持的古诗词现场背诵节目，把闭幕式推向了高潮：一首《春晓》把喜爱春天和怜惜春光的情感融入同学们的诵诗之声中；一首《夏日绝句》“生当作人杰，死亦为鬼雄”在朗朗上口的声韵中一语道出了英雄豪杰和平民百姓的为人真谛；《示儿》——“王师北定中原日，家祭无忘告乃翁”中诗人至死不变的爱国主义情怀永远激励和感召着后人。同学们诵得激情澎湃，诵得掷地有声。

“最是书香能致远，腹有诗书气自华。”为期近两个月的广外外校首届读书节活动落下了帷幕。在近两个月的时间里，我们组织了好书推荐、读书节口号、对联征集、读书系列讲座、读书知识竞赛等活动。另外，低年级的小朋友们还组织并参与了写字比赛、朗诵比赛、写观察日记比赛等，特别是中小学的图书换购活动，让同学们收获的不仅仅是好书，还懂得了团结、友谊、真诚与合作，甚至体验了一回“生意人”赚钱的艰辛。在这段时间里，我们看到了同学们在图书馆博览群书的景象，听到了同学们的琅琅书声，闻到了同学们周身散发的浓浓书香气。读书绝非仅仅是读书节的事，读书应该成为每个同学的学习习惯，成为每位老师和家长朋友们日常生活的习惯，成为每个人生命的需要。每一个有成就的人，都必定是一个热爱读书的人，要想提高自己的成绩，就要养成读书的好习惯。

读书节已落下帷幕，但读书的热情不应该减弱，我们要继续营造良好的读书氛围，构建广外外校的书香校园。让我们永远做一个阅读者，远离浮躁与平庸，做一个阅读者，生命将更加精彩。

天鹅湖上的《天方夜谭》

——《天方夜谭》阅读讲座

2013年4月2日下午，春雨密密地斜织在天鹅湖上方，浮游在湖水中的鱼群依稀可见，湖边的小学阶梯教室里，四年级的200多名大阅读班的学生参加了《天方夜谭》的讲座。讲座由四年级语文备课组的老师共同筹备，本学期陆续还有袁颖老师的《绿野仙踪》、吴孟琳老师的《小王子》、彭飞跃老师的《夏洛的网》、岳虹老师的《铁道游击队》导读讲座，系列必读书目等导读讲座，这些导读讲座点燃了同学们浓厚的阅读兴趣。

本学期的首场导读讲座由项恒鹏老师主讲，分为“中古阿拉伯文学概述”和“《一千零一夜》导读”两大部分。项老师说，中古阿拉伯文学指的是公元5世纪末至16世纪初期的阿拉伯文学，这个时期阿拉伯文学的发展，可以分为蒙昧时期、伊斯兰教时期和阿拔斯时期三个时期，其中，“悬诗”是中古阿拉伯文学的一朵奇葩。阿拉伯人每年都要到麦加朝觐天房，朝觐前，在麦加附近的欧卡兹进行集市活动，并举行赛诗会，诗人们聚在一起，用古莱西部落的语言朗诵自己的作品，随后进行评比，将获得优胜的诗用金水抄在麻布上，挂在“克尔伯”古庙的墙上，宛如一串明珠悬在脖子上，人们因此称之为“悬诗”。伊斯兰教时期是阿拉伯文学史上的重要转折时期，伊斯兰教的兴起促进了直接服务于传教和

“圣战”的散文的创作，却压抑了具有异教性质的古诗的发展，致使整个诗坛一度出现冷落凋敝的景象。当时，为了适应“圣战”的需要，出现了“征伐诗”，用来反映阿拉伯人在对外扩张过程中的民族自豪感。例如麦克肖的诗：萨那的千里良骥，驮着全身披挂的战士，猛狮般直捣克拉谷地，攻克卡勒卡，再闯雅姆克，转战叙利亚。阿拉伯文学最主要的成就是《古兰经》，它是伊斯兰教的创始人穆罕默德的谈话和讲演的汇集，最初由他的亲信记录在零星的皮革、骨片、石片和椰枣树的树叶上，有的人也默记在头脑里。

在讲《一千零一夜》（又名《天方夜谭》）的导读部分时，项老师以讲故事的方式与同学们现场互动，学生们听得兴趣盎然。《天方夜谭》是一本世界闻名的阿拉伯故事集，它为什么叫《天方夜谭》呢？原来，“天方”是指阿拉伯，“夜谭”就是夜谈。那为什么不直接写成《天方夜谈》呢？这牵扯到“避讳”的问题，说起来，就是一种不讲理：古代帝王的名字有什么字，老百姓说话和写文时遇到这个字就要改用其他的字。唐武宗名叫李炎，“谈”字包含着“炎”字，所以，“夜谈”只能用“夜谭”来代替了。这本书还有另一个书名叫《一千零一夜》，为什么叫这个名字呢？相传古代印度与中国之间有一个萨桑国，国王是个暴君，皇后不堪其苦，就与另一个人来往非常密切，惹得国王十分生气。从此，国王每天娶一个美丽的新娘，次日清晨就把新娘杀死，以解对皇后的心头之恨。朝廷内外一片恐慌，漂亮女子个个胆战心惊。这时，一位聪慧美丽的姑娘勇敢地站了出来，为了挽救千千万万无辜少女的性命，她自愿嫁给这位可怕的国王，决心用自己的善良和智慧降伏恶魔，她每天晚上给国王讲一个动听的故事，一天一天地讲下去。这些故事深深地吸引和感染着国王，她的故事连续讲了一千零一夜，最后，国王终于被感化了，从此，他化解仇恨，弃恶从善，这就是《天方夜谭》又名为《一千零一夜》的原因。

“一千零一夜”只是言其多，并不是真的讲了一千零一个故事，据统计，全书共包括264个故事。《阿里巴巴和四十大盗的故事》《海姑娘和她儿子的故事》《巴士拉银匠哈桑的故事》《补鞋匠迈尔鲁夫的故事》《麦仑·沙迈追求漂亮女人的故事》《航海家辛巴达的故事》《阿拉丁和神灯的故事》……《天方夜谭》带给我们的不是雄辩、智力或信仰，而是很多人物和场景：精明的阿里巴巴暗中监视盗贼团伙，足智多谋的阿拉丁与他的神灯，以及苏丹公主谢赫拉莎德为逃过死劫而不停地编着故事。《天方夜谭》本身就包含了一个大千世界：这里有魔法奇迹、下里巴人、皇宫、妻妾、精灵、机器人、公主和怪物，这是一个广袤无边、层出不穷的领域。这部作品里面不乏英勇自强的女性以及奇异的冒险，甚至科幻小说里的事物（比如飞马和黄铜铸就的城市）。《天方夜谭》实际上是一个扑朔迷离的故事网，各个故事通过巧妙甚至荒谬的方式交织在一起，环环相扣。故事中的角色通常会像谢赫拉莎德那样通过讲故事而免于一死，不可思议的巧合也层层叠加。苏联作家、无产阶级文学的奠基人高尔基誉之为世界民间文学史上“一座最壮丽的纪念碑”。

导读，为学生课外阅读引航

——《三国演义》的导读讲座

2008 年 10 月 9 日下午，小学部五年级语文备课组在黄华楼 8 楼组织了一次《三国演义》（以下简称《三国》）导读讲座，五年级阅读班的师生共 200 多人参加了活动。

讲座伊始，主讲人项老师采取“认一认人”的游戏导入方式，燃起了学生的互动热情。随着幻灯片的播放，对于曹操、刘备、孙权、张飞、关羽、赵云、周瑜、诸葛亮、司马懿等小说中的人物，许多学生都能脱口而出。项老师随机点化，“文学即人学”，并介绍了《三国演义》的出场人物：其中有名有姓的人物共1191人，其中武将436人，文官451人，汉朝、三国、晋代的皇裔、后妃、宦官共128人，其他的有176人，让学生在阅读中细细体会作者塑造的人物形象。

讲座进入第二个环节“读一读文”，五年级（9）班郭晟恺现场朗诵了《三国》片段《曹操横槊赋诗》，然后就让学生们说出《三国》里面自己熟知的成语，现场一下子炸开了锅，同学们争先恐后地发言：“万事俱备，只欠东风”“赔了夫人又折兵”“过五关斩六将”“身在曹营心在汉”“三顾茅庐”等。有的同学如数家珍一口气说出五六个成语，让大家情不自禁地鼓起掌来。

为了让学生更真切地体会历史战争小说的魅力，项老师设计的第三个环节是“看碟”，并现场点播了电影《赤壁》的精彩片段，通过影像把战争场面真实地展现在学生面前。项老师讲道，书中描述了上百次战争，可以分为陆战、水战，或水陆混合战，例如水淹七军；又可分为攻战、守战；或分伏击战、偷袭战；或分阵地战，游击战；或主将比试，或两军混战，形式多样化。三大战役：官渡之战、赤壁之战、夷陵之战有相似之处，都是以弱对强，都用了火攻，结局都是弱者胜。表现出不同的特点：斗争双方的特点不同、面临的情况不同等，使之写来绝无雷同。

讲座的最后一个环节是“聊一聊读书方法”，项老师向同学们推介了“影视法”“旁批法”“跳读法”“总分合”“乐趣读书法”几种读书方法，还简要讲述了《三国》对后世文学的影响。导读讲座活动激发了同学们课外阅读的兴趣，五年级语文备课组本学期还将举行《城南旧事》《中华上下五千年》《郑渊洁童话》《童年》（高尔基）等导读讲座，为学生的课外阅读引航。

左手《史记》　右手《三国》

——《史记》导读讲座

学习《史记》中的做人绝学，领悟《三国》里的谋事智慧。2009年3月10日，小学部五年级在小学阶梯教室举办了一次《史记》导读讲座，这是继上个学期《三国》《城南旧事》《中华上下五千年》《童年》（高尔基）《郑渊洁童话》等必读书目导读后五年级语文备课组举办的第六场讲座，五年级阅读班的师生共200多人参加了活动。

讲座伊始，主讲人项老师谈到了小学生阅读《史记》的现阶段目标，他认为，《史记》原版难以理解，但很耐看，有语言魅力。通俗故事版，一看就懂，虽失去了部分语言魅力，但依然能够领略其叙事风格。我们现在推荐大家阅读的是江苏少儿出版社出版的《史记故事》，主要是要求大家了解故事，知其梗概，熟知主要的历史故事和其中的主要人物。为了引导大家更好地阅读这本书，今天就讲一些与《史记》有关的“外围”话题，给同学们的阅读做点铺垫。讲座围绕《史记》的著作者司马迁展开了五个话题：“怎样的时代?”“怎样的家世?”“怎样的为人?”“怎样的书籍?”“怎样的官位?”

一、司马迁生活的时代

司马迁生活在汉武帝时代，这个时代是我国封建社会历史上的一个强盛的时代，一个气势宏大、蓬勃发展的时代。司马迁那“渊博的学识，丰富的阅历，豪放的风格，和大汉帝国的磅礴气势是息息相关的”。繁荣的经济和壮盛的国威，使司马迁孕育了他那种海阔天空的浪漫精神和雄伟气魄；学术文化从多元趋于单一，使司马迁深深感受到了多元文化的可贵和思想自由的难求；森严的法纪，使司马迁感受了被蹂躏的人性是多么可怜，被压抑的人权是多么可悲。那是一个风云际会的时代，也是一个激发智慧的时代；那是一个笼络知识分子的社会，也是一个磨炼天才的社会。司马迁的一生便是在这样的时代和社会中成长的。《史记》一书也是在这样的时代和社会中写成的，因此，要准确了解和评价司马迁和《史记》，必须先了解司马迁所生活的时代。台湾学者赖明德在《司马迁之学术思想》一书中指出：“司马迁是我国继孔子之后，两千多年以来历史文化界最伟大的巨人。他那卓越的历史观点，丰富的人生体验，深刻的社会见解，精湛的学术造诣，以及高度的文学修养，除了一部分得之于禀赋以外，大部分都和他所生长的时代与社会有着不可割断的密切关系。”

二、司马迁的家世

司马迁一直为出生于这样一个世代史官家庭而自豪。因为他家曾世世代代为史官，所以司马谈、司马迁父子也都非常乐意在新的历史条件下继续担任史官，而害怕这种传统在他们手里失传。同时，这种家世的特点，还为司马迁积累了丰富的修史知识和经验，培养了司马迁优良的史学品德。这种优良的品德突出表现在两个方面：一是能够以修史为己任，在兴旺发达的汉武帝时代义不容辞地承担起述史的任务；二是继承了古代史官秉笔直书的优良传统，正如齐太史兄弟和晋太史董狐那种威武不屈的敢于同强权作斗争的反抗精神，以及他们宁死也要直书的强烈的正义感。司马谈临终时，拉着司马迁的手垂泣而教，要他以孝子的名义发誓效法周公以发扬祖德、光耀先人。司马迁后来惨遭酷刑后，还能“隐忍苟活”、发愤著书，就与此密切相关。

三、司马迁的为人

天汉二年（公元前99年），正当司马迁全身心地撰写《史记》之时，却遭遇飞来横祸，因直言受宫刑，这就是李陵事件。司马迁被关进监狱以后，案子落到了当时名声很坏的酷吏杜周手中，杜周严刑审讯司马迁，司马迁忍受了各种肉体和精神上的残酷折磨。面对酷吏，他始终不屈服，也不认罪。根据汉朝的刑法，死刑有两种减免办法：一是拿五十万元钱赎罪，二是受“腐刑”。司马迁生性刚正廉洁，当然拿不出这么多钱，悲痛欲绝的他甚至想到了自杀。可后来他想到，人总有一死，但“死或重于泰山，或轻于鸿毛”，死的轻重意义是不同的。想到孔子、屈原、左丘明和孙膑等人，想到他们所受的屈辱以及取得的骄人成果，他顿时觉得自己浑身充满了力气，毅然选择了腐刑。面对最残酷的刑罚，司马迁痛苦到了极点，但他丝毫没有怨恨，也没有害怕。他只有一个信念，那就是一定要活下去，一定要把《史记》写完，“是以肠一日而九回，居则忽忽若有所亡，出则不知所往。每念斯耻，汗未尝不发背沾衣也”。正因为还没有完成《史记》，他才忍辱负重地活了下来。

四、《史记》的内容

《史记》表现出了以下的叙事艺术：① 天人合一、贯通古今的结构框架；② 历史和逻辑相统一的叙事脉络；③ 因果关系的探索展示；④ 对复杂事件和宏大场面的驾驭。司马迁在《报任安书》中说，他修史的宗旨是“究天人之际，通古今之变，成一家之言”。为了达到这个目的，他在综合前代史书各种体制的基础上，创立了纪传体通史。全书由十二本纪、十表、八书、三十世家、七十列传组成。虽然这五种体例各有区别，但它们却相互配合，构成一个有机的整体。其中十二本纪是纲领，统摄上自黄帝、下至汉武帝时代3000年的兴衰沿革。十表、八书作为十二本纪的补充，形成纵横交错的叙事网络。三十世家围绕十二本纪而展开，用司马迁自己的话来说，本纪与世家、列传的关系，犹如“二十八宿环北拱，三十辐共一毂，运行无穷”。《史记》这部纪传体通史著作，在体例上冲破了以往历史散文的局限，能够把更多的内容纳入其中，比较全面地反映了社会生活的总体风貌。《史记》一书最有文学价值的是其人物传记。司马迁在编排人物传记时显示出了高超的技巧，使它生动地体现出了历史和逻辑的统一，形成了自己独特的叙事脉络。

五、司马迁的官位

古代的史官叫“太史”。在西周春秋时代，太史掌管起草文书，策命诸侯卿大夫，记载史事，编写史书，兼管国家典籍、天文历法、祭祀等，是为朝廷大臣。到了秦汉，改称为“太史令”，职位渐低。司马迁就是西汉的太史令，就是在皇帝手下记录历史的一种官员，实际上就是中央的史官。其主要职责是记事修史，推算历法。西汉后期改为中谒者令，相当于现在的中央办公厅主任。

此次讲座历时五十分钟。导读讲座活动，激发了学生阅读《史记》的兴趣。五年级语文备课组本学期还将举行《骆驼祥子》《格列佛游记》《小兵张嘎》《汤姆叔叔的小屋》等四次导读讲座，为学生课外阅读引航。

谢天谢地，读书节来啦

——第五届读书节开幕仪式

“一本好书，可以影响人的一生。”2013年3月25日清晨，小学部第五届读书节开幕仪式隆重举行。

五年级（3）班刘芊芊同学向小学部2000多名学生发出了“爱读书、读好书”的倡议。她说，人生就像一条不可能走第二次的路，在这条路上，我们所见到的春、夏、秋、冬的风景都是有限的。书籍则像望远镜，像明灯，让我们看得更远、更清晰。读书，让我们得以开阔视野、丰富阅历。为此，我向小学部师生发出诚挚的倡议：以古已有之的“博览群书”的读书境界，阅读好书；以文人墨客的“最是书香能致远，腹有诗书气自华”的读书情怀，积极构建“倡导师生静心读书，用读书净化师生心灵、改变师生行为、促进师生发展”的校园文化特色。读书贵在持之以恒，鲁迅先生对此解释得很清楚：每人每天都拥有二十四小时的时间，可是一天的时间给勤勉的人带来智慧与力量，给懒散的人只能留下一片悔恨。读书重在转化与运用，大家要努力读书，积极参加学校举办的读书讲座、“书香童年”课外阅读漫画大赛、阅读知识大赛、“阅读之星”和“书香班级”评选等系列活动。在4月23日“世界读书日”到来之际，希望第五届读书节活动不仅可以让大家增长知识，形成“立体”、牢固的知识体系，还可以培养大家良好的阅读和自学习惯，直至形成较高的综合素质，达到“一本好书，可以影响人的一生”的境界。

“谢天谢地，读书节来啦！”在会上，教师代表杨少华老师作了题为

《读书那些事儿》的发言，赢得了阵阵掌声。杨老师说："作为一个外校（全称为'广州市广外附设外语学校'，以下简称'外校'）人，又是一个比较爱读书的人，我很幸福，因为外校是一个充溢书香的校园。看看我们的图书馆，这么大一栋楼，满满的都是书，将近几十万册，这是全广州市，甚至全中国最大最好的中小学图书馆之一。在这里，你想读什么就读什么，想怎么读就怎么读。每次到这里，我就只恨自己少了两只眼，只恨时间过得太快。我们胸前的校徽，它就像一棵茁壮成长的幼苗，也像一本摊开的书页。这意味着：读书，就能茁壮成长。在外校，所有的老师都会对学生说：'读书吧，做一个读书人，做一个博览群书、胸藏万卷、上知天文下知地理的读书人；做一个读书人，你始终比别人懂得更多一点，站得更高一点，看得更远一点，更自信更深沉更秀气，也更有内涵一点。'

"关于怎样读书这个问题，曾国藩曾在给其家弟的信中写道：'盖士人读书，第一要有志，第二要有识，第三要有恒，三者缺一不可。'这就是说，有志的人，因为追求高远，所以读书会有选择，选择读好书；有识的人，因为知道学无止境，就不会因为小小的收获而沾沾自喜，停滞不前；有恒的人坚持不懈读书，必成大器。因此，我想提出一个倡议，从今天开始，我们每天挤出 30 分钟的时间读书，一分钟读 500 字，30 分钟就能读 15000 字。这样，从今天到 4 月 23 日，也就是'世界读书日'，有 40 多天的时间，天天不间断，我们就会读……四五十万字的书，这就是贵有恒。如果能再挤出一点时间，做做标记、批注，写点读后感，收获就会更大。如果再与读过同一本书的同学交流彼此的看法，就更会乐在其中了。同学们，不要只让电脑、电话、电视占据你们的眼睛、嘴巴和耳朵，要静下心来读一本书，让书香像一朵清幽的小花，慢慢地在你的心里绽放。读书节来了，这是我们一直期待的时刻，不仅是期待热闹的读书换购活动，做一回小小的'图书商'，也不仅是期待有趣的阅读漫画大赛和种植日记比赛，以及紧张的阅读写作比赛。令人激动的课外百科知识竞赛，我们期待，我们也相信，会有一批新的'阅读之星'涌现，会有许多班级获得'书香班级'的荣誉称号。阅读从今日始，其实阅读早已开始，让我们都成为‘读书种子’，播撒书香。好读书，读好书，做一个真正的外校读书人！”

最后，校长助理叶和丽老师讲道，一年一度的广外外校读书节——小学部第五届读书节又一次拉开了帷幕。说是读书节的开幕式，其实学校读书的帷幕早就拉开了，不是吗？开学后，每个班级的书架上早就码好了整整齐齐的图书，还有已经启动的“书香宿舍”活动早已步入正轨，无论是宿舍还是教室，或是去食堂的路上，或者校园的草坪上，只要我们愿意，这些地方都能成为我们读书的场所。

叶老师还精心准备了三个问题与师生们一起互动，把读书节开幕式推向了高潮。

1. 大家知道“世界读书日”是哪一天吗？（1995 年，联合国教科文组织宣布 4 月 23 日为“世界读书日”。4 月 23 日是西班牙著名作家塞万提斯和英国著名作家莎士比亚的辞世纪念日。）

2. “世界读书日”是哪个国家最先倡导的呢？（设立“世界读书日”的建议是由西班牙提出来的，其灵感源自西班牙加泰罗尼亚地区的“圣乔治节”。“世界读书日”来源于西班牙加泰罗尼亚地区的一个传说：美丽的公主被恶龙困于深山，勇士乔治只身战胜恶龙，解救了公主；公主回赠给乔治的礼物是一本书，从此书成为胆识和力量的象征，4 月 23 日也成为“圣乔治节”。直到现在，节日期间加泰罗尼亚地区的居民仍有赠送玫瑰和图书给亲友的习俗。）

3. 世界上最爱读书的是哪个民族？（犹太民族被誉为世界上最爱读书的民族。犹太人把读书作为传承教育、传统和知识的手段，被誉为“读书的民族”“教育的民族”“记忆的民族”以及“学习和思考的民族”。犹太民族也许是人类最独特的伟大民族——只占世界人口的 0.2%，却获得过世界上 29%的诺贝尔奖；为人类史上奉献了《圣经》；在各领域都大师辈出，群星灿烂。而这一切大概都源于他们尊重教育、爱读书。）

今天，借第五届读书节开幕之际，再次向全体老师和同学们呼吁：广外外校的师生应该成为最爱读书的人！

在这次的读书节活动中，除了传统的“图书换购”“知识竞赛”“书香学子”“书香班级”的评比外，学校还与校外其他书社合作，增设了“图书漂流”“好书进校园”活动，另外，还把拼音过关、识字检测等活动融入了读书节。学校想通过这些活动告诉同学们：读书是成长的基础，而识字、拼音又是读书的基础。

虫声新透绿窗纱，正是孩童读书时。争取让我们的校园充满书香，让我们的学子成为会学习、会思考的人。

心中为念民工苦　耳畔如闻读书声

——将读书活动辐射到社会

2013 年 5 月 9 日下午，小学部师生代表 12 人在广外大政治与公共管理学院党委副书记邵兵、广外大政治与公共管理学院社会工作系系主任刘春燕的带领下，在广州市农民工博物馆向广州市异地务工青年服务中心捐书 4000 册，白云区团委副书记刘果代表服务中心的工作人员接受了捐赠。

广州市异地务工青年服务中心是团区委与广外公共管理学院正式签署协议共建的，项目以专业社工服务为

基础，采取“社工＋志愿者”的模式，主要是在广州农民工博物馆周边，开展面向异地务工青年及其子女的社会服务活动。为社区内异地务工青年及子女提供学习、就业等综合性社区服务，如青年学堂培训班、兴趣小组、知识讲座、法律咨询、心理健康教育等活动。此次捐赠的图书是我校第五届读书节“图书大换购”活动中小学部学生自愿捐赠的，内容丰富、实用性强。服务中心的工作人员表示，将会在适当的时机捐赠给需要图书的农民工学校，让农民工子弟从中受益。

小小“书商”练摊忙

——第六届读书节“图书大换购”

2014年4月16日下午，小学部一至六年级的学生和教师共2600多人在中学部田径场上开展了一年一度的图书换购活动。此次活动本着“让好书在校园漂流，实现资源共享”的原则，“营造书香校园，共享书香人生”，让读书成为校园生活的一部分。各类书籍琳琅满目——童话、小说、散文、杂志……应有尽有。

古人云：“读万卷书，行万里路。”

第六届读书节主要是围绕读书日开展了一系列相关活动，“图书换购”即其中之一。

小小“书商们”想尽一切办法推销书籍，有的是大伙儿一起“叫卖”，有的采取分工合作：一人守摊，几人走动推销，有的干脆全组走动推销。长廊里由于蜂拥而来的“书商”的光临，顷刻变得拥堵起来，成了“书市一条街”，人头攒动，热闹非常。各摊主占地为王，一切布置妥当后就开始卖书。购书者来往穿梭，脸上浮现出满意的笑容，叫卖声与还价声此起彼伏，还有一批批的“流动书商”，四处兜售，乐此不疲。市集里往来的，除了本学部的学生和教师外，还有许多职工和家长。

我校倡导活动育人的理念，但不仅仅是为了“活动”而“活动”，图书换购活动结束后，各班的志愿者还要把各个“摊位”的清洁工作做好，争取不留下一片纸屑。回班后，各班还要举行好书推介会，将在“换购”活动中淘来的好书，与全班同学共同分享。

提升宿舍文化品位　让学生伴书入眠

——“书香宿舍”活动记

一、宣传发动，确立共同的读书理念

走进小学部的学生宿舍，看见的是有棱有角的被子、洁净的枕头、牙刷、皂盒和水杯，而且错落有致，让人感觉一股神清气爽的感觉迎面袭来。如果学生再在床头放一本自己喜爱的书，轻松翻阅，慢慢品尝，让书香陪伴自己入睡，那是一件多么惬意的事。

为加强校园文化建设，提升宿舍文化品位，丰富同学们的宿舍活动，

营造良好的育人环境，进一步强化“管理育人，服务育人，环境育人”的功能，拓展和丰富学生生活区的文化内涵，小学部宿舍区开展了“书香宿舍”评比活动。学校通过晚讲时间，向同学们发出倡议，把睡前的适量时间用于阅读。这样既有利于静下心来，为休息做好“前戏”，又有利于畅游书海，进行阅读积累。逐渐让同学们树立一种读书理念：“读书是一种有益的生活方式，是一种最美丽的休闲。”

二、精心布置，营造温馨的读书环境

利用生活区的黑板报、专栏、展示窗、走廊和楼道墙等媒介，展示读书口号、读书节标志，征集读书名言，讲演名人读书故事，制作书签等活动，从小处入手，力求让每一堵墙都会说话，让学生在静态的校园文化中阅读经典、阅读思想、阅读精神，让学生真正与文化结缘，时时刻刻呼吸到文化的空气，得到审美的启迪，点燃读书激情，营造浓厚的“书香宿舍”读书氛围。

三、导读引路，开设“阅读指导”专题晚讲

利用每周一讲的时间，开设阅读专题导读讲座，指导学生阅读的方法，包括睡前读书的时间、读书的姿势，引导学生健康阅读、文明阅读。推荐好书，交流读书心得。积极争取班主任和语文老师的大力支持，开展丰富多彩的阅读活动，如“听读欣赏课”“诗词吟诵会”“主题阅读课”“报纸浏览课”“读书交流会”“读书方法指导课”“读写结合课”等。

四、好书漂流，建立图书交换站

建立好书交换站。同学与同学之间，班级与班级之间建立“好书交换站”，举行“好书漂流”活动；倡导每个学生每学期向宿舍捐一本书，书后附上自己的读书心得；进一步充实宿舍图书柜，积极鼓励学生在校图书馆借阅有益的书籍进行睡前阅读，有效激活图书资源。

横平竖正书规范　铁画银钩写风骨

——低语组“规范汉字书写比赛”

“春眠不觉晓，处处闻啼鸟……”“两个黄鹂鸣翠柳，一行白鹭上青天……”“荷花已经开了不少了，荷叶挨挨挤挤的……”2007年4月18日晚，来自一至三年级的150名选手参加了小学部低语文组在低教楼举行的“规范汉字书写比赛”。

此次“规范汉字书写比赛”采取“三梯”“两赛”的比赛方式。“三梯”是指比赛内容的难易程度呈三级梯形分布态势。低语段的三个年级备课组遵循“由易到难”的原则，在广泛征求科任老师意见的基础上确定比赛内容。“一、二年级比赛是现场用铅笔在田字格的试卷上临摹古诗”，李旭、魏雪梅两位老师说：“对一、二年级参赛选手的要求是横平竖正，撇捺清楚，提高学生的规范书写意识，根据书写的正确率和优美程度进行评比，力求做到由‘形似’到‘神似’，实际评比过程也很好地贯穿了这一宗旨。”“竖有竖的理由，横有横的章法”，三年级组备课组长贾金女老师在谈到平时指导学生写字训练时说，“三年级组提倡老师用毛笔蘸水在黑板上示范书写，‘点如高山坠石’‘提似离弦之箭’‘斜撇像兰叶’‘正捺犹握刀’，通过这些形象的比喻，促进学生对书写内涵的理解，三年级组本次比赛是用水性笔在中方格的试卷上书写课本原文的内容，这样既紧密联系了学生学习的实际，又给学生的书写留下了较大空间，便于学生发挥。”“两赛”是指此次比赛经过了初赛和决赛两个赛程，初赛以班级为单位，全体学生都参与比赛，然后各班选拔五名优秀选手参加决赛，经过紧张激烈的决赛，一年级的陈绎汶、司徒禧、冯月圆；二年级的陈铭庚、许玥、伍立鹏；三年级的杨昊泽、许信杰、杨宗浩等九名同学脱颖而出，获得了本次比赛的一等奖，其余选手分别获得二、三等奖及优秀奖。获奖作品在第十一周在小学部低教楼一楼大厅展出。

“比赛是对平时写字训练的检阅，是对各班写字水平的一次集中展示。”低语组教研组长吴孟琳老师在谈到策划本次比赛活动时说：“组织规范汉字书写比赛的意义有两点，往远处说，是根据教育部关于加强学生写字教育的要求，培养学生规范书写汉字的意识，体验汉字书写的乐趣，感受汉字书写的艺术魅力，从而激发学生汉字书写的兴趣，提高规范书写汉字的水平，养成良好的汉字书写习惯，更好地传承中华民族的传统文化，同时全面展示我校学生汉字书写的艺术才华。往近处讲，是为了深入践行我校‘塑造健全人格’的育人理念，低语组策划本次比赛活动的重要目的之一就是要培养学生良好的书写习惯，打下扎实的书写基础。也通过写字比赛活动，引起老师对写字教学的重视，端正学生写字的态度，并从活动中发现一部分写字能力强的学生，在班级、年级以及学科中树立榜样，起到激励的作用。”

真情满天下　稚笔书华章

——高语组举办第七届小学生作文竞赛

为了提高学生的写作能力，激发学生学习语文的兴趣，提高学生的语言表达能力，推进学生语文素质的提高，2008 年 11 月 18 日晚，小学部高语组举办了第七届小学生作文竞赛，四到六年级全体学生参加了竞赛。三个年级的作文命题从实际生活和学生的年龄特征出发，各有侧重、各有特点，体现了多样性和层次性。

四年级竞赛作文的命题突破了字数“潜规则”，竞赛话题作文的命题字数一般在150字左右，本届四年级作文的命题接近300字，提供了丰富的话题材料，阅读量“超载”，带有很强的感情色彩，显然更有利于检测

学生的感受和思维的纵深度，也有利于优秀作品脱颖而出。五年级竞赛作文的命题凸显了审题难的特点，在话题引语后面，进一步缩小了作文的范围，需要学生进行二次审题。实际上是命题者加大了作文的审题难度，需要学生在纷纭的现象和错综的感受中进行认真的提炼，从中构成情感和逻辑的单纯线索，防止思维平面滑行，从而在有效地推动思维层层深入的同时，控制跑题、离题的潜在危机，这一切正体现出了素质教育的精义。这样的作文题既有利于激发考生的理性思维，又有利于激发考生的创造性思维。同时，对于阅卷而言，将更加便于阅卷教师区别出切题、偏题与走题的作文。六年级竞赛作文的命题呈现出了三种宽容的趋向，一是作文题逐渐回归生活，注重基础与体现新意，适度对学生进行区分可以让他们选取适合自己的语料创作；二是审题难度合理，不为难学生，命题的总体要求较平均，使学生比较容易上手，同时又不失却其区分度，明显体现了宽容倾向；三是作文命题提供的“材料语”是学

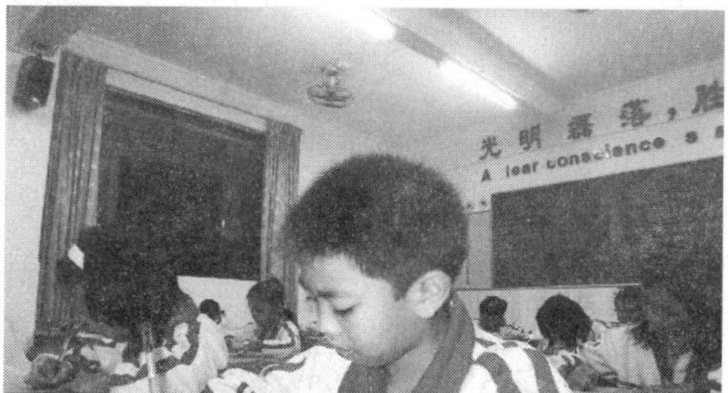

生生活中的常见话题，让学生有话可说，给学生留下了广阔的思维空间。

经过70分钟的紧张较量，四、五、六年级各产生了一等奖10名，二等奖20名、三等奖30名。蒋国冰老师在策划本次作文竞赛时

说道，小学生竞赛作文仍要重感性轻理性，所以，本届作文竞赛活动的总体要求是以“真情”为话题，让学生们悉心观察、侧耳倾听、爱心行动、用心感受，用真情写作。同时，选择话题作文来竞赛，是因为话题作文在发挥学生的想象力和创造性方面已经得到了师生的认同，这样可以避免滋生大量的套作、仿作和抄袭之作，有利于催生和遴选出优秀的学生习作，从而推进学生语文素养的提高。

附：四、五、六年级作文命题真情无价，真爱无价

四年级：

生活中，其实到处都隐藏着真情，只要你善于去发现、去思考、去体验。维吾尔族中有句俗语说：“甘蔗从顶往下越吃越甜，友谊的时间越长越诚挚。”这里所表达的就是朋友间的真情。英国有一句谚语：“妈妈你在哪儿，哪儿就是最快乐的地方。”这里所表达的是母爱的伟大以及亲情的可贵。人与人之间的相处，以情为贵，以真为贵，在我们的生活周围也处处可见真情：同学朋友之间互帮互助嘘寒问暖的一幕幕动人情景，父母在儿女面前表现出来的无限关爱，互不相识的人偶然相遇演绎出的一个感人场面，师生之间朝夕相处的一个学习或生活场景……

要求：请以“真情”为话题，自拟题目，写一篇500字以上的文章。

五年级：

生活是丰富多彩的，法国大雕塑家罗丹说：“美是到处都有的。对于我们的眼睛，不是缺少美，而是缺少发现。”同学们，你们发现了吗？在我们生活的校园里，每天都有美好的事情发生。同学之间，师生之间，朋友之间，自有真情在。你可通过一、两件事表现中心，也可以谈自己对“真情”的看法，请以“真情”为话题，写一篇作文，题目自拟，字数600左右。

六年级：

生活处处有真情。亲人之间，师生之间，朋友之间，同学之间，陌生人之间，人与自然之间，人与动物之间……曾出现过一幕幕动人心魄

的情景，曾演绎出一个个感人肺腑的真情故事，值得你回味、感动、思索……

要求：请拿起你手中的笔，以“真情”为话题，自选角度和文体，写一篇不少于600字的文章。题目自拟。

春天与生命和歌　自然与童心谐韵

——“我和春天有个约会”主题教育总结活动

2009年6月10日上午，五年级师生共400余人齐聚在小学部阶梯教室，举行了“我和春天有个约会”总结表彰大会，学生处主任刘文娟参加了大会并为“优秀园艺师”和“征文获奖者”颁奖，活动策划人曾秋莲老师作了总结发言。

大会伊始，学生代表五年级（9）班吴安琪简述了活动概况。五年级（6）班朱宇明同学和五年级（7）班许昕琪同学分别代表“植物种植观察记录表”优秀同学和“植物生长自我评价表”优秀同学作了经验介绍，五年级（10）班方思颖同学和五年级（8）班周曦同学声情并茂地朗诵了自己在“我与春天有个约会”活动中荣获一等奖的征文故事。

方思颖同学朗诵道：“凤仙花，一生一息，我的心也一起一落，像起伏的海涛，为它的花谢而可惜，为它的结果而欢乐，看那时间的推移，从种子到如今，是人生的模板，这个绿芽萌动的春天，随时有暴风雨，也将有彩虹，有同学拥有成功的绿树红花，而有的种子消失不在，灾难有，努力亦在。我们一起有乐和愁，欢欣与苦命，但我们都在春天的转角遇见生命的绽放与堕落，时而有活力，时而消沉，是春天吗？还是人生？

这个萌动的春天……”

五年级（8）班周曦同学：“植物的成长，不仅让我收获了果实，还收获到了书中所没有的东西，它让我学会了耐心处世；让我知道了付出了才会有收获；让我懂得了‘一分耕耘，一分收获’的道理；让我感受到了成功的喜悦……”两位同学真挚、细腻的感受，拨动了同学们对生命感悟的心弦，赢得了同学们的热烈掌声。

活动策划人曾秋莲老师总结道：“历时近三个月的动手体验活动‘我和春天有个约会’到今天就要告一段落了，回头看看这些日子，真是有太多的收获。选种播种，让我们认识了种子，亲眼见识了生命的破土萌动；浇水施肥，让我们学会了种植，也懂得了关心与呵护；陪伴植物成长，让我们感受到了生命的顽强与坚韧；写观察日记，培养了我们对生命生长的敏感度，提高了写作的感悟能力；拍下植物成长的倩影，让我们学会了光与影的组合，增强了我们的审美能力；和父母一起照顾植物，让我们享受到了天伦之乐。

“‘我和春天有个约会’是一次综合性的实践体验活动，它是一次融观察、体验、写作、摄影、感悟为一体的活动。‘我和春天有个约会’是一次全员参与的活动，五年级的全体老师和400多名同学及家长都参与到了这次活动中来。‘我和春天有个约会’更是一次自主体验活动，活动过程包括种植、观察、写作、感悟和摄影，同学们都全身心参与其中。活动后，学生自主评价，有的同学感觉自己做得不错，收获很多；也有的同学觉得自己没能坚持，留下了遗憾。尤其是《体验成长之乐　感受生命神奇》的总结和感悟，提升了本次活动的意义，让我们对生命的意义有了全新的认识。老舍先生曾说：‘有喜有忧，有笑有泪，有花有果，有香有色，既须劳动，又长见识，这就是养花的乐趣。’同学们，我们的活动即将结束，但希望将来的你们能热爱劳动、呵护生命、亲近自然，将热爱生活的热情永留心间。”

会上，年级主任陈其升老师讲道，五年级师生开展的“我和春天有个约会”活动是很有深意、很有内涵，很值得回味的。从形式上来看，不但启动仪式新颖别致，活动过程也精彩纷呈，而且总结活动丰富多样：

生机盎然的实物展览、图文并茂的展板、场面热烈的表彰大会、信息丰富的网络优秀征文。从意蕴层面体会，春天给人以追求的力量和信心，在种植活动中，同学们真切地体会到了生命的绽放与凋零，“花开不同喜，花落不同悲”，每个同学都收获了属于自己的独到的、沉甸甸的生命感悟。同学们正处在人生的春天，青春的旋律跳动在同学们的心海深处，大家要把握住春天的脉搏，无论花开、花谢，都给生命一个微笑，让生活充满阳光，谱写出生命的繁华和壮丽。

魏晋风骨汉唐魂　尽在稚子笔端来

——“迎新年，庆元旦”写字比赛

“字里乾坤大，学海日月长。”为了加强小学高段学生书写的规范性，提高学生的书写水平，营造浓郁的书香校园氛围，2009 年 12 月 15 日，小学部高语组成功组织了“迎新年，庆元旦”写字比赛。比赛在各班教室内进行，四至六年级全体同学都参加了比赛，比赛由各班班主任监督。高语组全体语文老师也与学生们一起“试水”，完成了自己作为期末教师业务考核的满意作品。

对于写字比赛活动高语组酝酿已久，开学初就被列入高语组教研工作计划。平常教学时，高语组的语文教师早就做足了赛前的“热身”，从 9 月 7 日开始，各位语文老师就开始对学生进行写字的专题指导训练，三个备课组都落实了学生写字训练的时间，从而保证了学生写字训练的扎实有效。教研组还将各班学生的写字训练情况纳入每月的常规检查项目。评奖以年级备课组为单位，各年级评出一等奖 20 人，二等奖 30 人，三等奖 50 人。12 月 23 日晚之前，各年级还将精心布置展板，展出获奖作品。此次写字比赛从第 2 周（9 月 7 日）开始，到第 17 周（12 月 25 日）结束，活动共持续了 15 周。

谈到此次活动的意义，高语组教研组长蒋国冰老师认为，优秀的传统文化不可弃，书法是我国独有的艺术，是传统文化的瑰宝，此次写字比赛的意义有几点：一是规范写字教学，强化写字意识，培养良好的写字习惯，养成正确的写字姿势；掌握执笔、运笔方法，面向全体学生。二是全员参与，整体推进，以语文教学为重点，抓好小学阶段写字教学的全过程；初步掌握汉字的书写方法，逐步做到写字正确、端正、整洁。三是写好正楷字，这不仅有利于促进学习，还可以锻炼意志，培养毅力，端正学习态度。

人心齐　泰山移

——六年级拔河比赛

人人虎年鼓虎劲，虎气冲天齐声吼！

“加油！加油！”2010 年 2 月 25 日，学校田径场上一片沸腾，呐喊声、助威声、欢笑声，一浪高过一浪，六年级全体师生开学热身活动——“人心齐泰山移”拔河比赛的现场热闹非凡。

按照比赛规定，每班选出队员包括男生 20 名、女生 13 名，以班级为单位采取淘汰制展开男女生混合拔河比赛。随着崔晓老师一声哨响，激动人心的比赛一开始就进入了白热化程度。六年级（8）班和六年级（10）班双方的队员都紧紧抓牢手中的绳子，双脚牢牢扣抵地面，齐心协力往后拉。双方的啦啦队也都卯足了劲儿，热情地在场外高喊着“加油!”震耳欲聋的声音此起彼伏。两位班主任丁芸老师和项恒鹏老师都喊破了喉咙，双方僵持了足有十分钟左右，有的队员手和脸都拉得通红，有的身体倾斜得就快躺到地上了，有的眼眶都湿润了，可是仍然含着泪，咬着牙，坚持着，丝毫不松手。在这紧张的时刻，六年级（8）班的队员们咬紧牙关，使尽全力，奋勇一搏，红绸标志一下子移向了六年级（8）班一方。精彩的赛事经过了3轮18场，历时50分钟，每个班级的参赛队员均全力以赴，赛出了顽强的精神和团结的风尚！场场比赛都牵动着老师的心。小学部学生处主任刘文娟也被激烈的赛事所吸引，在旁边为学生加油助威！拼劲儿最狠的是六年级（8）班的同学，无缘轮空赛，场场是硬仗！最终，六年级（4）班、六年级（8）班、六年级（6）班分别夺得冠、亚、季军。

“人添志气虎添翼!”年级主任陈其升老师在赛后说，在虎年开学的第一周，六年级作为毕业年级开展此项活动，不仅锻炼了同学们的体魄，培养了学生的意志品质，增添了同学之间的友谊，凝聚了人心、鼓舞了干劲儿，更增强了班级的凝聚力，为向学校交一份满意的毕业答卷开了个好头！

“慧之光”杯光耀广东民校　“凤凰城”里外校学子扬名

——“慧之光”教育杯征文颁奖

2010年4月17日上午，由广东教育学会主办，广东教育学会民办教育专业委员会承办，广东教育学院民办教育研究中心协办的庆祝中华人

民共和国成立60周年“慧之光教育”杯广东省民办中小学生作文比赛颁奖仪式在增城市碧桂园凤凰城中英文学校隆重举行。

大赛自2009年9月底启动以来，历时几个月，经全省各个市、县（区）民办学校的积极参与和认真组织，共有近500所民办中小学、幼儿园和民办教育机构选送了5000多篇作文参加比赛。本次作文大赛由广州市越秀区人民政府教育顾问、中学语文特级教师杨一经任评审组组长，广东教育学会民办教育专业委员会陈钢理事长任评审组副组长，邀请了李志成等名师组成专家评审组，对报送的作文分类别、分层次进行了初评、复评、终评，共评出小学组特等奖作文6篇，一等奖作文18篇，二等奖作文24篇，三等奖作文29篇，优秀奖61篇，表扬奖114篇。特等奖作文刊登在《南方都市报》和《广东民办教育》等报刊上，所有获奖作文均编入《广东省民办学校中小学生作文大赛》一书中。

由我校小学部高语组教研组长蒋国冰老师领队，共有六名教师、十五名同学和十多位家长参加了此次颁奖。在本次征文大赛中，我校高语组师生精心准备，积极参赛，斩获了十五个奖项。获奖情况如下。

特等奖：吴瑾婷、庞尹琪。

一等奖：仇雅澄、禹嘉颖、方思颖、王岚巍、徐浩程。

二等奖：单家威。

三等奖：林嘉雯、薛峤、叶若露。

优秀奖：李幸容。

表扬奖：冯一之、万星月、吴齐婷。

同时，曾秋莲、傅丽丽、蒋国冰、肖红海、项恒鹏、熊年香、文红梅等七位老师也获得了优秀辅导奖。

小学部高语组在此次大赛中能够取得如此好的成绩，得益于高语组拥有一套精细化的常规教学模式。推荐学生优秀习作，已经成了高语组的常规做法：每位老师每月至少推荐两篇优秀习作，每学期至少推荐四次学生习作参赛或投稿。遇上寒暑假优秀作文展评和时效性较强的不定期的征文竞赛时，小学部高语组老师也都会积极参加。有了平时的努力，此次“慧之光”教育杯征文大赛获得优异的成绩也是意料之中的事，今后，学校师生还会参加更多此类比赛，挖掘学生的文学天赋和语言天性。

“阳光体育”　让学生动起来

——六年级举行“阳光大课间”篮球赛

同城之战，谓之德比。经过一个学期的苦练，六年级的 10 支篮球队“同室操戈”又开始上演了。2012 年 11 月 12 日，随着总裁判李春魁老师的一声哨响，小学部六年级“阳光大课间”篮球赛正式拉开了序幕。本次篮球赛采取“小组循环赛制，四强淘汰赛制”的形式，六年级的 10 支篮球队首先抽签，分为 A 组和 B 组，然后组内采取循环赛制，每天赛 4 场，共赛 20 场。第二阶段，A 组和 B 组球队各取前两名的球队进入四强赛。A 组第二名与B组第一名一决胜负，A组第一名与B组第二名再战高下，输的两支球队争夺第三、四名，赢的两支球队争夺冠亚军，打完大满贯共计24场球，最后是10支女子球队举行投篮大赛。为保证比赛的公平、公正和公开，六年级专门召开了会议，由爱好篮球以及经常打篮球的李春魁老师、孙国华老师、陈其升老师、陈庆胜老师、项恒鹏老师任裁判，由年级组制作赛程表，并及时公布赛程和比分。

秋风乍起，"阳光大课间"篮球赛为体育节增添了一道靓丽的风景。3班是上学期的冠军球队！8班是上学期最先惨遭淘汰的球队！在刚刚比完的12场球赛中，比分悬殊最大的是10班与6班的球赛，10班以2∶14告负；比分悬殊最接近的是4班与3班的球赛，4班以7∶6胜出，一球三分，锁定胜局。

绳采飞扬high翻天

——"high大绳"开学热身赛

"大绳摇一摇，校园满欢笑！大绳抖一抖，师生齐声吼！大绳high一high，就跟着一起来！"2013年2月27日，小学部四年级组在西大门篮球场举行了"high大绳"开学热身赛。全年级的416名学生和26位教师分别在10个篮球区域摆开"沙场秋点兵"的阵势。"倒数10个数！10、9、8、7、6……"随着总裁判席勇老师的一声令下，"比赛开始!"，"high大绳"比赛的现场氛围迅疾飙升，呐喊声！欢笑声！加油声！吹哨声！震耳欲聋，此起

彼伏。

四年级组充分尊重10位班主任的活动理念，对参赛人数作出了富有弹性的规定：每班不少于37人参赛。比赛中，志在必得的班级挑选精兵猛将上场，班级全员齐上阵，重在参与，各取其趣！经过五分钟的激烈"high大绳"比赛，最终，四年级（6）班夺得冠军！四年级（8）班和四年级（4）班分别夺得亚军和季军。

芽甲一新草头格　稚子小试炫羊城

——"第五届广州市中小学生规范汉字书写大赛"学生获奖记

在2013年12月30日揭晓的"第五届广州市中小学生规范汉字书写大赛"中，我校五年级（6）班李芊芊和五年级（5）班童章、栗双双获得广州市一等奖。因名额有限，每个学校只能报送两件硬笔书法作品，我校报送的两个学生的作品，经过石井片指导中心、白云区教育局、广州市教育局层层评选，最终双双获得广州市一等奖，全区获小学组一等奖的仅14人。

五年级（6）班的李芊芊之前没有学过书法，没有书法基础，四年级时开始尝试用"草头格"习字，经过近一年的"草头格"书法练习，长于用左手写字的李芊芊书法水平突飞猛进，在学校的初赛中脱颖而出，一路过关斩将，最终获得广州市一等奖。我校书法教师徐长辉老师创立的"草头格"于2011年10月19日荣获了国家知识产权局颁发的"书法习字格（草头格）"外观设计专利。"一字之法，贵在结构。"徐老师说，"草头格"是一种新型练字格，能准确提示笔画位置，方便找准起笔点、收笔

获奖同学李纤纤

点，使习字者更容易掌握字体大小和字形结构，体现汉字书写时横画左低右高的特点，从而准确方便地把握字体结构。与现今市面上的“田字格”“米字格”“回宫格”“回田格”“九宫格”等五花八门的习字格相比，草头格更简洁、更美观、更实用。适用于硬笔、毛笔楷书练习，适合任何年龄段的人练习写字，以及写一手好字。

徐老师的“草头格”在全校师生中的推广与练习，为我校书法开创了全新的局面。在本次大赛中，徐老师被授予“优秀辅导奖”。

证书号第1708646号

外观设计专利证书

外观设计名称：书法习字格（草头格）

设　计　人：徐长辉

专　利　号：ZL 2010 3 0617970.4

专利申请日：2010年11月16日

专利权人：徐长辉

授权公告日：2011年10月19日

本外观设计经过本局依照中华人民共和国专利法进行初步审查，决定授予专利权，颁发本证书并在专利登记簿上予以登记。专利权自授权公告之日起生效。

本专利的专利权期限为十年，自申请日起算。专利权人应当依照专利法及其实施细则规定缴纳年费。本专利的年费应当在每年11月16日前缴纳。未按照规定缴纳年费的，专利权自应当缴纳年费期满之日起终止。

专利证书记载专利权登记时的法律状况。专利权的转移、质押、无效、终止、恢复和专利权人的姓名或名称、国籍、地址变更等事项记载在专利登记簿上。

局长 田力普

草头格专利

公民素质

入学面试关注基础潜质[①]

——南方都市报：叶和丽校助解读小学游园面试准备

每年小学入学时，不仅公办学校学位紧张，连民办学校也大喊吃不消，招录比例最高时达9∶1。如何让孩子脱颖而出呢？如此紧张的入学形势，真的要把升学战争提前到幼儿园阶段吗？上识字班，恶补拼音算术是否就一定能领先一步？教育专家表示，如果要备考的话，应该从孩子一出生就开始准备了。要让孩子从小具有良好的素质，包括健康的身体、健全的人格，良好的沟通交际能力。

我校校长助理叶和丽老师为家长们支招。小学生报名参加所谓的面试，家长大可不必紧张。其实就是大家在一起玩儿游戏，孩子可以放松一些，全身心地融入游戏中，这样更有利于老师对孩子本真一面的了解，有利于因材施教，将来在教学过程中，孩子遇到挫折时，教师可以了解原因所在。

怎样的孩子才能得高分？叶和丽老师讲道，学校的招生方式是通过游园活动设置八个游戏环节，侧重对孩子的语言天赋、记忆能力、模仿能力、动手能力、团体合作以及生活自理能力的考查。教师在一旁观察

① 摘自南方都市报（原文有删改）。

引导，目的是通过对小朋友基础潜质的测试，关注其有哪些可持续发展和综合发展的基础品格和素质。

在整个过程中，我们都比较注重孩子的同理心。即人们在人际交往的过程中，能够主动地体会他人的情绪和想法，能够站在他人的立场看待问题以及处理问题的能力。比如，在游园过程中，当老师宣布规则时，有的孩子表现得特别有领袖意识，能把自己组内的成员安排妥当，有的孩子会服从组织纪律，这两类孩子都是能拿到高分的；还有一类孩子，在游戏过程中，老是想占据别人的位置，非常自我，不会站在他人的立场上去想问题，这样的孩子得分就会低。

我们还会设置一些常识题。如要去一个美丽的海滩，或是原始森林，或是宽阔的大草原，你会做哪些准备？你如何安排你的团队适应那里的环境？有的小孩会回答，带帐篷、带工具，还可以带上风筝；给每个小组成员做好分工，注意看天气预报等等。这样的小孩有集体意识，有一定的常识。

我们挑选学生不在于他在学前时学了多少知识，我们更注重的是孩子的综合素质，包括他是否来自于一个和谐的家庭，他是否有健康的身体、健全的人格，是否具备良好的沟通和交际能力。因此，孩子小学面试无需准备是不准确的，更准确地说，应是孩子入学面试不能搞突击备考，其实从孩子一出生就得开始准备了。

面试时考学生也考家长。作为学生和学校双向选择的民办学校，小学入学面试更具挑战性。今年，广州市广外附设外语学校小学部的300个名额引来了2000多名学生。学校安排的招生游园活动共设置八个游戏环节，侧重对孩子的语言天赋、记忆能力、模仿能力、动手能力、团体合作以及生活自理能力的考查。小朋友每参加完一个游戏环节又会被重新打乱次序重新分组，在最大程度上减少漏题风险，同时，有效杜绝了

"人情分"和"关系分"的出现。

面试过程中，不仅孩子们要做游戏，家长也要参与问卷调查。如"您的孩子小时候充分地爬过吗""请您列举几本和孩子一起读过的儿童书的名称""您对于孩子每门作业完成都需要家长签名怎么看"等等。校长助理叶和丽表示，此举的目的是希望了解孩子的成长经历，对家庭情况做基本调查。家长填写的资料，也将作为为孩子制订个性化教育方案的参考资料。

叶老师说，"面试"的目的是了解孩子的认识水平和心理素质，对其综合素质的可发展性作出预估。所以，面试会更关注孩子的某些特质与学校的特色是否符合，以及孩子进入学校后能否有所得益。

给地球洗个澡　为"达人"洗个脑

——"争当环保小达人"主题教育活动启动仪式

2011年10月13日晚，小学部五年级组主题教育活动"争当环保小达人"启动仪式在春华楼阶梯教室举行，五年级组全体师生参加了会议，学生处主任刘文娟参加了会议并为首次当选的五年级学生会的10名学生干部颁发了证书。

活动伊始，一段《我们只有一个家园——地球》的视频，非常具有震撼效果，一下子把全场的师生带入了一种"环保势在必行、环保刻不容缓"的情境，唤起全体同学对环境教育重要性的认识。会上，五年级（6）班杨凯珺同学介绍了"环保"活动的创意，同学们围绕"本学期五年级组主题教育活动"这一任务，遵循"自定向—自调解—自评价—自激励"的流程，自由分组进行现场"策划秀"的比赛。怎样具体开展"环保"这一主题教育活动呢？经过第三轮热烈的讨论，同学们想出了许多可行的措施和操作金点子，如开展评比“弯腰小天使”活动；举行“变废为宝”产品博览会；创办“环保”小队报；成立“绿之眼”小记者团；组织“环保”辩论赛、漫画节、达人秀、时装会等。

然后，五年级（10）班刘阳蕾同学在“我的创意我做主”环节展示了自己的创意方案。主要有五个方面的具体内容：一是再生能源：再生能源小讲座、寻找再生能源、再生能源利用；二是低碳环保：低碳生活从我做起、“关灯一小时”活动、“低碳生活”作文比赛；三是节约用水：“水资源的减少”班会、“水的循环利用”讨论会、节约用水行动；四是变废为宝：“变废为宝”创作比赛、“变废为宝”展览会；五是让地球绿起来：环保小天使、“环保小画家”绘画比赛。成果展示阶段评出了“再生能源演讲奖”“低碳生活小能手”“低碳生活小作家”“小小节水家”“变废为宝创意奖”“变废为宝奖”“环保小天使”“环保小画家”“绿色小达人”等奖项。

紧接着，活动主要负责人之一张俊敏老师作了发言。她说，气候变化是我们这一两代人面临的最严峻、最深远的挑战之一。进入20世纪以来，科技的发展给人们的生命创造了各种奇迹，也给人类本来绿色平和的生态环境带来了白色垃圾、致癌物、酸雨，造成了温室效应、臭氧空洞等一系列环境问题。人类即将面临能源枯竭和环境恶化的灾难。科学家预测，随着温室效应的不断加剧，到本世纪末，全球升温范围将在1.1～6.4度之间。更加令人震惊的是，从最新的温室气体排放增速来看，地球气候已经开始朝着6～7度严酷升温状态发展，大大超出2摄氏度的地球生态警戒线，几乎宣告了生态系统的死刑，大自然处在毁灭性的气候混乱状态边缘。现在，我国已经把环境保护作为一项基本国策加以重视，但要在每个公民心中树立起环境保护的意识，只有从基础做起，从各级各类学校的环保教育入手，让学生树立环保意识已成为教育者义不容辞的责任，只有让同学们树立正确的生态观，将来走向各行各业，才能处理好利益和生态的关系，从而使自然环境向着良性发展。

具体活动将会引领同学们按月推进：9月份是活动的主题筹备与策划；10月份开展“童眼看地球”活动；11月份开展“我为垃圾找个家”活动；12月份开展环保从关注身边的水、电、纸做起，如争做弯腰小天使、环保乘车大比拼、节能减排知识竞赛；寒假期间是活动的延续和深入，主要是让学生说服家长一起参与一次以环保为主题的社会实践活动。

随着音乐的响起，启动仪式达到了高潮，同学们都欢呼起来，热烈的掌声一浪高过一浪，五年级（4）班“环保小达人”在现场进行“变废为宝”产品博览秀，有用雪糕棍做的“中国馆”、有面包盖做的“绅士帽”、有礼品卡做的“纸巾盒”、有白色塑料做的“苏州秀”和许多“工艺品”……最有意思的是现场举行的“垃圾分类大比拼”活动，既让同学们增长了知识，又增强了环保意识。

为了提升同学们“自我策划、自我展示、自我调节、自我评价”的活动能力，五年级率先在小学部成立了学生自治会（学生会），学生处主任刘文娟为宣传部、组织部、学习部、体育部、文艺部、纪检部、生活部、礼仪部、劳动部、新闻部10位部长和两名学生会副主席和一名学生会主席颁发了证书，并寄语鼓励。

最后，年级主任项恒鹏老师带领五年级全体师生进行环保宣言呼号：“爱我校园！爱我地球！争当环保小达人！”启动仪式在嘹亮的呼号声中结束了。

童话版EPD在小学部五年级上演

——“争做环保小达人”主题活动结题仪式

EPD教育的内涵是通过对青少年和全体社会成员进行环境教育、人口教育和可持续发展教育，促进改善环境、提高人口素质和社会的可持续发展。我校是 EPD 教育实验学校，小学部五年级组学生自主策划的“争做环保小达人”的主题活动，与 EPD 教育倡导的主体教育思想和可持续发展教育思想的内涵是完全相符的。

“开学初，在洁白的墙壁上，不知是哪位‘艺术家’偏要加几个篮球印上去；有些‘科学家’喜欢在教学楼、宿舍楼高层上反反复复地做着纸片自由落体的实验；还有些‘地理学家’，在草坪上用垃圾踏出了一幅又一幅的世界地图……”五年级（9）班的张荣轩同学正在声情并茂地讲着自己在“我是弯腰小天使”活动中的感想。

2011 年 12 月 15 日晚，中学阶梯教室传来阵阵掌声，小学部五年级全体师生在举行“争做环保小达人”活动的结题仪式，学生处主任刘文娟和副主任吴大海参加了本次活动并为获奖同学颁奖。

开学初，五年级学生自主策划了“争做环保小达人”的主题教育活动，活动遵循“自定向—自调节—自评价—自激励”的流程，活动中，同学们增强了环保意识，学到了许多环保知识，锻炼了自身的能力，也为今后的 EPD 教育奏响了前奏。

活动中，五年级（2）班陈雅婷、五年级（9）班张荣轩同学分别谈了自己的感想；五年级（1）班马骏同学为大家带来了一首环保歌曲——《春天里的孩子》，五年级（3）班方拓、徐俊华、黎廷琛、陈楷鹏表演了《环保三句半》；五年级（5）班范浩然、袁蕴郗两位同学朗诵了环保诗《给未来一片绿色》；五年级（8）班游智均、陈奕充、陈瀚、刘树楷、黎宇轩、崔先丰等六位同学自编自演了环保小品《低碳生活我先行》，精彩的表演赢得了同学们的热烈掌声。最后，活动负责人之一陈其升老师做了活动总结，另一位活动负责人张俊敏老师主持了现场知识抢答赛！现场抢答声此起彼伏。年级主任项恒鹏老师作了总结发言，并为“年级十佳环保达人”“班级二十佳环保小达人”现场颁发了奖品！在同学们响亮的环保呼号声中，活动结题仪式结束了，相信同学们的环保行动还会在今后的学习和生活中不断地延伸。

年级“十佳”环保小达人名单：

五年级（1）班：朱　曦

五年级（2）班：卢　煜

五年级（3）班：陈欣彤

五年级（4）班：贺颖琪

五年级（5）班：陈淇蔚

五年级（6）班：杨凯珺

五年级（7）班：陈思妤

五年级（8）班：陈宏易

五年级（9）班：张芮琪

五年级（10）班：艾美岑

班级“二十佳”环保小达人名单：

五年级（1）班：欧阳凯欣　梁嘉盈

五年级（2）班：黄映妮　王文懿

五年级（3）班：李嘉烽　范洁儿

五年级（4）班：潘俊亨　刘钰琪

五年级（5）班：关宇杭　袁鑫烨

五年级（6）班：周楚浩　戚嘉怡

五年级（7）班：康清洋　吕泽炬

五年级（8）班：李皖蓉　梁咏琪

五年级（9）班：黄韵蓓　陈宇轩

五年级（10）班：彭欣悦　张裕萍

让心情盛开在金色的季节里

——快乐秋游记

“一年好景君须记，正是橙黄橘绿时。”金色的秋天，金色的心情，金色的收获，金色的记忆。2007 年 10 月 18 日一早，四年级全体师生兴高采烈地踏上了秋游之旅，广州青少年科技馆和“花都故乡”都留下了同学们欢快的笑声。

“你知道自己在火星上的重量吗?”“脑电波对抗赛真神奇!”“咦!蔡宛彤的身子不见了，只能看见头啦!”“哇!机器人也能弹钢琴!”上午九点整，广州青少年科技馆成了孩子们的快乐天堂，孩子们的欢呼声和惊叫声此起彼伏。此次，为同学们开放广州青少年科技馆第一层为展品展示区，分为虚拟、物理、生命科学、儿童乐园四个区，共 60 件（套）展品，涉及数、理、化、天文、地理、生物以及材料、能源、环保、信息、

通讯等学科领域。其中，“星际称重”“磁悬浮地球”“机器人弹钢琴”“气流投篮”“龙卷风”“倾斜小屋”“无皮鼓”“脑电波对抗”等项目引起了同学们浓厚的兴趣，人人都积极操作，还认真地做了笔记。广州科技馆在科技知识的普及、科学思

维的启迪、科学方法的培养方面让孩子们大开眼界，学生不是“你听我说”的被动教育者，而是通过参与、实践、体验来主动接受科学思想教育，从而在孩子们幼小的心灵上播下科学的种子。

好一幅充满浓郁岭南风情的“清明上河图”！中午，当我们走进“花都故乡”里时，展现在同学们眼前的是真实的岭南民俗画卷，祠堂庙宇、宅邸民居、雕楼文塔，它们和附着在建筑中的各种民间工艺与民俗风情一起，充分展示了旧时的岭南生活场景与人文环境。午饭后，同学们在万花台集中观看了精彩的杂技表演，随后，依次参观了“百艺豆腐坊”“文奎阁”“陆、水竞技场”“游戏广场”“天后庙”“大夫祠”等景点，同学们最感兴趣的是捉鱼活动，那股欢快的劲头，根本无法用语言来形容！

下午四点整，同学们顺利地踏上了返校的旅程。校长助理、小学部主任徐纯老师随同出游，对四年级秋游的前期组织工作给予了肯定，并与科技馆的负责人进行了磋商，双方达成了“科普宣传车进外校”的初步设想。四年级主任陈其升老师说，“此次秋游活动，注重在‘科技’与‘人文’两个维度拓展学生的视野，动静结合，让学生也读一读‘书本之外’的书籍，走进科学世界，走进大自然，增智长慧。”四年级（10）班的李阳同学说：“我们还以为广州科技馆是无聊的参观听报告呢，没想到每件展品都可以动手操作，帮助我们了解了很多科普知识，太好了，我们期待着这样的活动以后再多一些。”

从小事做起　与文明同行

——“我是文明标兵”主题教育活动启动仪式

2010年10月12日晚，小学部四年级“我是文明标兵”主题教育活动启动仪式在中学部阶梯教室举行，小学部学生处主任刘文娟老师、学生处副主任吴大海老师出席了该仪式。

仪式由三名学生主持，四年级（4）班王艺霖同学在仪式上向四年级全体学生发出了“从小事做起，与文明同行”的倡议；四年级（8）班和（9）班的部分同学分别表演了精彩的“咱们从小讲礼貌”“文明礼仪三句半”等节目，年级主任陈其升老师作了发言。

活动伊始，四年级（4）班王艺霖同学向四年级全体学生发出了倡议：“我们伟大的祖国素以‘礼仪之邦’著称于世，中华民族历来十分注重文明礼貌。可以毫不夸张地说，生活中最主要的是讲文明礼貌，它比最高的智慧、一切的学识都重要。我们共同生活在外校这个大家庭中，文明礼貌地处事待人，是每个少年在成长过程中必修的一课。因此，我代表四年级组向全体少先队员发出倡议：① 从身边事、日常事、小事做起，摒弃不文明行为；人人争做文明小标兵。② 自己的事情自己做，听从长辈的正确教导；自己整理房间和衣物，不乱花钱，帮助父母做力所能及的家务；③ 上课专心听讲，积极发言，认真完成作业，课后自觉复习；惜时守时，学会安排时间，提高学习效率。④ 升国旗时脱帽，肃立行队礼，做操时做到“静快齐”，与同学友好相处，尊敬父母和师长，不打架，不骂人。⑤ 养成良好的生活习惯，不乱扔杂物，主动捡拾垃圾；

诚实不说谎话，参加活动听指挥，遵守各项规定，保护环境爱护公共设施。⑥ 课间开展正当活动，不追逐、不打闹，课间守秩序，做有意义的游戏；公众场合做到言谈举止的得体。⑦ 在生活和学习上有自己的目标，并能制订相应的措施。有阳光健康的心态，初步学会控制自己的情绪，对自己充满信心。积极进取，富有朝气。同学们，昨天的习惯造就了今天的我们，今天的习惯决定着明天的我们。让我们从点滴做起，从自身做起，从今天做起，持之以恒，养成良好的行为习惯！愿每一个从广外外校走出去的学生都能成为真正的好公民和社会的栋梁。”

接着，陈老师作了发言，他讲道：“同学们，从10月8日的班会开始，我们四年级的主题教育活动就开始了，我来问大家几个问题：四年级主题教育活动的名称是什么？我们这次活动的口号是什么？什么样的同学才可以得到文明标兵的称号？项恒鹏、吴薇老师是这个活动的负责人，他们制订了一个标准，我来介绍一下，请同学们对照一下自己，看自己做得怎么样？① 热爱集体，乐于助人，有礼貌，见到老师敬礼问好。② 会使用文明用语，与人交谈和气文雅，不说脏话。③ 上课专心听讲，课后独立完成作业，按时上交，不懂就问。④ 正直诚实，活泼健康。⑤ 爱护学校的一切公物，遵守各项规章制度。⑥ 个人卫生良好，端庄整洁，具有符合学生身份的仪表。活动中，同学们要养成五个习惯：文明习惯、学习习惯、卫生习惯、生活习惯、健体习惯；六种品质：守法、诚信、竞争、合作、智慧、顽强。

学校的《德育目标体系》已经发布，年级的《三年育人规划》也已制订完成，为了实现我们的育人目标，有90%以上的学生已经达到本年级《德育目标体系》的要求，三年后，为中学输送更多优秀的小学毕业生，四年级的老师特别设计了这样一个意义深远的活动，这个活动包括以下几个步骤。

九月份：教师研究制订活动方案。制订计划，确定启动时间和活动的具体安排；

十月份：召开以争做“文明标兵”为主题的系列班会。月主题为：争当“学习标兵”；各班评比年级和班级“学习标兵”，年级内举行征文活动，办展板宣传。

十一月：召开学生会议，对十月份的活动进行总结表彰；召开以争做“文明标兵”为主题的系列班会。月主题：争当“礼仪标兵”；各班评比年级和班级“礼仪标兵”，年级举行学生创意画比赛，并办展板。

十二月：召开以争做“文明标兵”为主题的系列班会；年级活动总结。

四年级“我是文明标兵”主题教育活动在四年级（8）班同学演唱“咱们从小讲礼貌”和四年级（9）班表演的“文明礼仪三句半”等精彩节目的欢快气氛中正式拉开了序幕。

不学礼　无以立

——“我是文明标兵”主题活动总结表彰大会

“‘不学礼，无以立。’在我校的校训‘知礼、笃学、创新、进取’中，把‘知礼’放在首要位置……”小学部德育处刘文娟主任讲道，“本学期四年级组开展的‘我是文明标兵’主题教育活动与小学部前不久启动的‘文明礼仪’系列活动是相辅相成的……”

2010年12月28日晚，四年级组全体师生共400多人齐聚在中学部阶梯教室，举行“我是文明标兵”主题教育活动总结表彰大会，小学部德育处主任刘文娟老师、小学部德育处副主任吴大海老师、教学处副主任周英老师出席了大会并现场为30位文明标兵和25位“文明创意画”获奖者颁了奖。小学部艺术组包建老师也应邀出席了大会并对学生的“文明创意画”一等奖作品进行了精彩的现场点评。四年级（6）班周天颖同学的爸爸作为家长代表发表了讲话，四年级（4）班王艺霖同学组织了精彩的互动活动，主要策划人吴薇老师作了总结发言，四年级组主任陈其升老师会前带领年级全体师生重温了活动的口号：从小事做起，与文明同行！

大会由蔡晓汕、马骏、郑芷芫等三名学生主持："文明礼仪无处不在，它可以表现出一个人的道德修养，它可以增进人与人之间的友谊，在本学期中，全年级都弥漫着文明礼貌的芳香。而这些芳香正来自于在座的每个花朵，你，便是其中的一分子，相信自己，我们一定能行。我们将挑起传承礼仪的使命，无负于未来，无负于这教育我们的美丽校园。"大会伊始，四年级（2）班表演的校园题材小品《我是文明监督员》赢得了同学们的热烈掌声。

接着，杨霖、董婧、张裕萍三名学生代表文明标兵作了精彩的发言。四年级（5）班的杨霖同学讲道：本学期，年级开展的"从小事做起，与文明同行"活动，让我们受益匪浅，使我们对文明礼仪有了更加清晰、具体的理解和认识，同学们的言行举止在悄悄地发生变化，讲文明懂礼仪的风尚在悄然兴起。记得《三字经》中有这样一句话："为人子，方少时，亲师友，习礼仪。"意思是说：做子女的，年少时就应当学会尊敬师长，关爱同学，学习人与人之间交往的礼节。梁启超也曾说过："少年智则国智，少年强则国强。"我们是祖国的未来，一切要从我们做起。作为一个文明标兵，我们应该做到：见到大家问声好，同学之间不闹不和，互帮互助大家乐，上课认真听讲，和别人讲话时应该看着别人的眼睛，有问题向别人请教时应该说一声："打扰一下，请问……"虽然也许只是一句简单的话，一个小小的举动，但是已经让别人知道你是一个讲文明懂礼貌的人。最重要的是：作为一名小学生，我们必须注重自己的仪表，起码要符合学校的氛围和学生的身份，保持大方、得体，这才是我们最美丽的一面！让我们从小事做起，与文明同行！让我们一起创造一个文明礼仪的校园！让文明礼仪之花在我们的校园处处盛开！

四年级（6）班董婧同学讲道：我很荣幸地被评为四年级的年级文明标兵。从小，爸爸妈妈就教育我要做一个文明的人。进入外校后，我一直就是一个文明的小学生。见到老师会问好，从不乱扔垃圾、乱踩花草，见到有老人过马路，会主动上前去扶……自从四年级开展了“我是文明标兵”主题活动后，我变得更加文明了。我发觉其他同学也变得文明了，整个校园都变成了一个文明的世界。

四年级（10）班张裕萍同学讲道：为什么我会被评选为“年级之星”呢？下面就让我给大家介绍我的文明七大法：第一，热爱集体，乐于助人，讲礼貌，见到老师敬礼问好；第二，会使用文明用语，与人交谈时和气文雅，不说脏话；第三，上课专心听讲，课后独立完成作业，按时上交，不懂就问，因为老师常说，小疑小进，大疑大进；第四，正直诚实，活泼健康；第五，爱护学校的一切公物，遵守各项规章制度；第六，个人卫生良好，端庄整洁，具有符合学生身份的仪表；第七，孝顺父母，帮父母干一些力所能及的家务。通过年级的主题教育活动，我还养成了五个好习惯：文明习惯，学习习惯，卫生习惯，生活习惯，健体习惯；六种品质：守法，诚信，竞争，合作，智慧，顽强。让文明之花处处开放，让文明的行为像桥梁一样连起你我他，让真、善、美永存我们心中。

四年级（6）班周天颖的父亲作为家长代表讲道：从小我们就非常重视对孩子在文明礼仪方面的引导，经常给她讲一些有关文明礼貌的故事。因为我们都知道文明礼仪在人一生中的重要性。要做一个堂堂正正的人，一个懂文明、有礼貌的谦谦君子，才能成为一个身心和谐发展的人；“播下一个行动，收获一种习惯；播下一种习惯，收获一种性格；播下一种性格，收获一种命运。”我相信在座的每位同学在外校老师的悉心引导和良好环境的熏陶下，一定能收获一个美好的明天。

四年级（4）班王艺霖同学主持的“礼仪知识竞猜”互动活动，把总结表彰大会推向了高潮。“请你说出 5 个日常生活中的文明用词。接电话时第一句话应说什么？请你说出 4 种特殊电话的用法。”同学们“你争我抢”，发言较积极，回答正确的同学都得到了一份精美的小礼品。小学部艺术组包建老师对学生的“文明创意画”佳作进行了精彩的现场点评，让同学们受到了真善美的熏陶。

“千学万学学做真人，文明礼仪是我们学习和生活的根基，是我们健康成长的臂膀。”主题教育活动主要策划人吴薇老师作了总结发言：“经过一个学期的努力，我高兴地看到很多同学在文明习惯、学习习惯、卫生习惯、生活习惯、健体习惯等方面都有了很大的改进，许多同学培养了诚信、竞争、合作、智慧以及顽强的优秀品质。人的文明修养并不是与生俱来的，而是靠后天不断完善的，完善了个人道德修养，便有了推进社会公共文明进步的基础。所以，我们年级这项‘我是文明标兵’的活动意义很深远。文明是春风，它温暖着每个人的心田；文明是鲜花，它把我们的生活装扮得更加绚烂。让我们携起手来，让文明之花在家庭、学校、社会，在我们生活的每一个角落绽放！”

附部分获奖学生名单

四年级年级文明标兵：

钟怡、黄晓康、徐桃子、潘俊亨、杨霖、董婧、康清洋、龚家欣、王恒、张裕萍

四年级班级文明标兵：

郑敏怡、麦瀚林、陈雅婷、李国正、徐俊华、伍隽恺、王中昱、何雅迪、袁鑫烨、万宇轩、周天颖、韦芷盈、张洛嘉、赵若琳、李长峰、黄文森、张芮琪、何子琪、刘阳蕾、谢　宇

创意画获奖名单

一等奖（10 人）

蔡晓汕、何晓婷、秦齐、贺颖琪、许嘉琪、杨凯珺、张心悦、杜澄、许芸萱、潘芷晴

二等奖（15 人）

刘思苡、郑枫悦、范津源、龚悦彤、张艾蕤、邹洺昊、侯泳希、罗舒曼、区佩莹、陈蔼研、封芷蕾、李明琪、张裕萍、李思晨、朱芷琪

环保小达人的甜蜜“苦差事”

——“争当环保小达人”现场策划秀

2011年9月29日晚，春华楼410教室人声鼎沸，热闹非凡。来自小学部五年级学生会的宣传部、组织部、学习部、体育部、文艺部、纪检部、生活部、礼仪部、劳动部、新闻部等10个部门的小部长、各班班长和每班推选的一名普通学生代表共30多人，齐聚在春华楼410教室，在学生会主席谢雯婷同学的组织下，举行了一场“争当环保小达人”现场“策划秀”活动。年级主任项恒鹏老师和本学期五年级主题教育活动的负责人陈其升老师、张俊敏老师、吴薇老师一同观摩了活动的全过程。

活动伊始，张俊敏老师宣布了围绕“本学期五年级组主题教育活动”这一任务，同学们遵循“自定向—自调解—自评价—自激励”的流程，自由分组进行现场“策划秀”比赛，胜出的选题将会被定为本学期五年级组主题教育活动。同学们领到任务后，一时间炸开了锅，纷纷开始争论，经过第一轮激烈的争论，六个小组分别推出了“我爱运动”“奇思妙想”“节水”“环保”“爱护眼睛”“变废为宝”等六大主题，并分别阐释了各自选题的理由。经过第二轮激烈的争论，同学们渐渐取得了以“争当环保小达人”为五年级组主题教育活动的共识。怎样具体开展“环保”这一主题教育活动呢？经过第三轮热烈的讨论，同学们想出了许多可行的措施和操作“金点子”，如开展评比“弯腰小天使”活动；举行“变废为宝”产品博览会；创办“环保”小队报；成立“绿之眼”小记者团；组织“环保”辩论赛、漫画节、达人秀、时装会等，让身边绿起来、让生活绿起来、让地球绿起来。

活动中，张老师给予了适时的引导，并让每位同学从现在起，争做环保小达人，利用国庆假期做出一份自己满意的主题教育活动方案，参会的同学们异常兴奋地接受了这个甜蜜的“苦差事”。真正的教育是自我的教育，苏霍姆林斯基曾说过：“人的充分表现，这既是社会的幸福，也是个人的幸福。”

白云山下磨豆浆　梅花谷里寻宝藏

——“低碳环保云山行”寒假活动

2012年1月8日，放寒假后的第三天，广外外校小学部五年级的来自肇庆、清远、从化、佛山、广州等地的19个家庭的53名成员参加了由孩子们自主策划的“低碳环保云山行”活动，这是五年级“争做环保小达人”活动在寒假生活中的延续。主策划人谢雯婷、刘阳蕾、江韵儿、李思晨等同学一早就在白云山广外大停车场举牌等候，活动成立了接待组、财务组、游戏组、摄影组、奖品组。

上午十点整，登山比赛开始了，同学们分成了四个登山小组，穿过修竹园，沿着黄婆洞水库的山路，向梅花谷竞发，经过紧张激烈的比赛，谭永洋、赖子琪、刘尧、蔡政洪等同学带领的小组最终取得佳绩，被邀请去参加“云山行”活动的年级主任项恒鹏老师当场为获奖队员颁发了奖品。第二轮比赛是磨豆浆，由于大多数同学并没有见过或使用过石磨，所以家长们热心地做起了义务指导员：“记住，石磨是要逆时针转动的！

而且千万不要空转，如果不加豆，磨着玩儿，是很容易损伤磨盘的纹路的！另外，豆浆磨出来有很多泡沫，所以有时候看似满满一大盆，其实很少量的，所以自己注意留意磨的过程中加水的量！”四个小组的同学们听从大人们的建议，挥汗如雨地磨着，等到磨第二遍的时候，开始香飘四溢，磨到第三遍时豆渣就很细很细了，一份泡好的黄豆大约有 4 两左右，可以煮一大盆豆浆，够 10 个人美美地喝一顿，女同学们动作最灵巧，马梓欣、谢宇、黄恺悦等同学最先尝到了自己磨的豆浆。

同学们在梅花谷原木小屋午餐后，“寻宝”活动开始了，“云山行”活动达到了高潮，梅花谷内种植有各种梅花等花树近千株。园内环境优美、自然幽雅，各位家长在梅花谷内的山涧、小桥、古朴建筑、草丛、花卉等处藏满了各种宝物（学习用品、体育用品、风味小吃等），策划人刘阳蕾给每个人发了一张寻宝图，然后一声令下：“寻宝活动开始！”

同学们竞相寻起宝来，“啊！我找到一个笔记本！”“哈哈！象棋！”“这里有跳绳！”惊喜声此起彼伏，整个梅花谷变成了欢乐的海洋。寻宝活动持续了一个多小时，同学们穿梭在梅花树下，快乐地搜寻着宝藏，美美地欣赏着梅花。按花色花型可分为宫粉、红梅、照水梅、绿萼、大红、玉蝶洒金等，白云山的梅花谷里面，宫粉梅花是最为普遍的，这种梅花的花呈粉红色，花朵密而浓。此外还有非常珍稀的品种，如垂枝梅，它的枝条一反普通梅花的特点，如柳条般下垂。还有大果梅，它的树冠分为两层，胸径达 30 公分，还有入口处的四株造型梅花，别致美观，是梅花谷内的主要景点。欣赏梅花后，同学们又策划了家长也可以参与的亲子活动“二人三足比赛”，欢呼声、加油声接连不断，美丽的风景带来了美丽的心情。美丽的心情带来了美丽的寒假生活。亲近自然，发现大自然的美好，珍爱自然，人人都能成为环保达人。

明月何皎皎　切切韶关行

——中秋节“手拉手　心连心”联谊活动

2013年9月14日，小学部五年级的35个孩子、38位家长爱心人士（由五年级（2）班家委会陈莹女士发起）和赵广军生命热线协会“手牵手学堂”的30余位志愿者，来到韶关市新丰县的沙田中心小学开展中秋节“手拉手　心连心”联谊活动。我校五年级35个家庭的孩子们和志愿者一起为沙小的师生们带来了大米、油、月饼、学习用具等。

在联谊活动的欢迎仪式上，两校学生参加了魔术、快板、互动游戏等丰富多彩的联谊节目。首先由沙田小学的陈校长致以诚挚的欢迎词，随行的五年级（2）班班主任项恒鹏老师做了即兴发言，他说：“作为一名教育工作者，我越来越清晰地感受到，真正关乎孩子一生的核心素质，不是知识与技能，而是生命的价值观！幸福与尊贵，来自于内心的修为。我国古代贤哲荀子说过：‘积善成德，而神明自得，圣心备焉。’我真心希望每一位同学都能从一点一滴做起，积善成德，做一名拥有谦虚、恭敬、仁慈、博爱、感恩之心的人。同时，也希望暂时有难处的沙小小朋友们，敢于正视困难，树雄心、立壮志，努力把大家的关爱化作刻苦学习、立志成才的动力，自强不息，奋发有为。”

在“爱心互动”环节，我校学生和家长爱心人士分成了两组，现场走访了特困学生家庭，把联谊活动推向了高潮。历时 13 个小时的中秋节“手拉手　心连心”活动让同学们感慨良多，获益匪浅。

与圣贤为友　伴经典同行

——四年级“学习中华民族优秀传统文化”活动启动仪式

“小雨不伤月，西风忽破云。”2013 年 3 月 27 日晚，四年级全体师生 400 多人迎着春雨后的清新，在学校广雅楼举行了学习中华民族优秀传统文化“与圣贤为友　伴经典同行”启动仪式。

“含饴宜稚子，闻道恰少年!”“让我们在圣贤的光芒下茁壮成长!”启动仪式由四年级（3）班赖俊贤同学主持。四年级（1）班吴蔓其同学、四年级（2）班孙希雅同学的精彩献词，赢得了大家的阵阵掌声。“中华五千年的文化长河，星光闪耀，经典诗文就是其中灿烂的星辰！五千年的中华儿女，雄才辈出！光耀千秋！圣贤就是炎黄儿女的楷模！五千年的奔流，五千年的积淀，五千年的孕育，造就了光照寰宇的中华文明，滋润了华夏儿女的心田！铸就了中华民族不朽之魂！圣贤的经典是一颗颗璀璨的明珠！蕴含着中华民族的美德、胸怀和风骨！圣贤的经典是一颗颗璀璨的明珠！蕴含着中华民族的情趣、智慧和灵魂!”

紧接着，四年级（4）班王婧同学作了题为《好学不倦　见贤思齐》的演讲，她讲道，在我平时了解的许多圣贤中，司马光是我最敬佩的一位！司马光为了让自己更加勤奋学习，就做了一个警枕，他不让自己睡得太过头，一翻身，结果就会掉下去，于是立刻爬到书桌上，用心地学习和复习，后来因为长期这样坚持，饱读诗书，知识越来越渊博，终于成为宋代著名的宰相。

四年级（5）班康杰同学作了题为《勤读经典　诚学圣贤》的演讲，他讲道，我平时最喜欢圣贤电影中《李白铁杵磨成针》的故事。大家也许并不陌生，李白是著名的诗仙，他小时候非常淘气。一日，他来到河边，看到一位老奶奶正在石头上磨一根粗大的铁杵。他笑着问奶奶："奶奶，您在干什么?"奶奶的回答让他大吃一惊，"我呀，要把这铁杵磨成一根绣花针。""那您哪一天才能磨好呀?""只要持之以恒，就能成功!"老奶奶语重心长地说。李白听了，悟出了道理，后来刻苦用功读书，终于成了学富五车的"诗仙"。

诗歌互动是同学们最为期盼的环节，全年级十个班共分成5组（1和2班，3和4班，5和6班，7和8班，9和10班），先由2班的班长为1班同学选诗（任选其中一个数字，每个数字代表一首诗），1班同学全班齐背；然后由1班班长为2班同学选诗。后面四个组的规则一样，依次进行。一浪高过一浪的现场诗文诵读把启动仪式推向了高潮。

"道不远人，德贵在行。"活动策划人项老师讲道，人们常常误认为"圣贤"与"经典"离我们的现实生活太遥远，遥不可及，所揭示的道理也使人云里雾里，事实上，"圣贤"与"经典"并不是我们想象中的深奥难懂的大道理。而是平常生活中的真道理，无时无刻不在我们身边。

本学期，我们即将开展"以圣贤为友，伴经典同行"活动，活动形式多样：有签名仪式、看圣贤电影、讲圣贤故事等，历时16周，希望同学们全身心参与，力争有所收获。"学习中华民族优秀传统文化——与圣贤为友　伴经典同行"活动由此正式拉开了帷幕。

把“圣贤教育”写在“德育活动”的旗帜上

——四年级“学习中华民族优秀传统文化”活动结题仪式

2013年6月6日晚，小学部四年级《读经典　学圣贤》德育主题活动结题仪式在黄华楼召开，四年级全体师生共400多人参加了结题仪式。学生处主任刘文娟主任亲临现场并为“十佳诵读之星”“《读经典　学圣贤》手抄报金奖获得者”颁发了荣誉证书。

“看——孔子的仁爱忠恕，孟子的丈夫气概！看——杜甫的忧国忧民！曹操的胸襟抱负！李白的愁闷达观!”大会伊始，四年级（2）班的黄文韬同学和四年级（5）班的袁蕴郗作了精彩献词：赞——范仲淹的忧乐情怀！李清照的巾帼豪气！赞——陆放翁的报国夙愿！辛弃疾的未酬壮志！文天祥的丹心耿耿！听——“人之初，性本善；性相近，习相远……”的经典诵读，让我们知道了学习的重要性。听——“子曰：吾日三省吾身!”经典诵读，让我们懂得许多做人的道理。

接着，四年级（2）班的陈梵之同学结合自身的感受，对《读经典　学圣贤》活动作了简要总结，他讲道：据调查显示，当今中国有26%的人每周花5～10小时的时间来收听流行音乐，而有61%的人平时不收听、不收看中国传统戏剧；有33%的人平均每周花5～10小时用于学英语，而花费同样时间在学习中国古典文学上的，仅占总人数的10%。还有我们所习以为常却又令人痛心疾首的场面：年轻人嚼着汉堡包，玩着魔兽，热衷cosplay，却往往背不全几首唐诗。

本学期，四年级组的全体教师共同策划了“‘读经典、学圣贤’学习中华民族优秀传统文化”活动。继承和发扬了中华民族的优秀传统文化，秉承民族精神，更好地激发爱国热情。在学校的常规工作中，开展“每日一句”“每周一讲”“课前三分钟诵读”“早读、晚读赛读”“主题班会”等活动，师生同讲圣贤学习做人的故事，向圣贤看齐，学做圣贤。

在每月的工作中，我们以“专题引领”的方式深入开展“读经典 学圣贤”活动。每月开展的活动有：“读圣贤书”“作文比赛”“影视片《孔子》和《感动中国》观后感比赛”“我心中的圣贤”黑板报大赛、“读经典 学圣贤”知识抢答赛、“读经典 学圣贤”手抄报比赛。学期初开展“读经典 学圣贤”启动仪式，学期末开展“读经典 学圣贤”结题仪式，有始有终，让我们获益匪浅！在“读经典 学圣贤”活动的影响下，让学生立志做一名品学兼优的人。

结题仪式的高潮是陈老师组织全年级学生进行现场抽签，进行诵读古诗文比赛，“天行健，君子以自强不息；地势坤，君子以厚德载物……”“合抱之木，生于毫末；九层之台，起于垒土；千里之行，始于足下……”同学们的吟诵之声一浪高过一浪。

最后，活动策划人项老师作了《为学生自治搭建广阔的舞台》的重要讲话，勉励全体师生深入贯彻学校的办学理念，不断创新进取。他讲道，“读经典 学圣贤”活动虽然已经结题了，但“经典的力量、圣贤的品行”将永远给我们以深远的影响，让我们以“读经典 学圣贤”活动为契机，做一名品学兼优、全面发展的优秀学生，成长为具有“现代意识和世界视野”的国家栋梁。

蒙以养正：“简单任务”之圣功

2014 年 5 月 28 日至 6 月 3 日，五年级（2）班刚满 11 周岁的钟一鸣同学参加了校电视台策划的第三期“简单任务”的体验活动——到安徽省定远县一个偏僻的小山村，开始了为期一周的体验农村生活和完成学校慈善工作的“简单任务”。

返校后近两周多的时间里，钟一鸣同学依然玩性十足，小错不断。

但明显责任心增强了许多，更加关心班集体、关心他人，懂得感恩，对于班级小岗位尽职尽责。这些许的变化难道是“简单任务”的圣功？我拨通了一鸣妈妈的电话，让她与儿子展开一段对话，并笔录如下：

妈妈：为什么愿意参加“简单任务”？

儿子：有三个原因：一是通过活动可以帮助贫困山区的学生；二是可以体验一下农村生活；三是让我心中的“好奇小怪物”吃饱。

妈妈：学校给你的“简单任务”包括什么？

儿子：一是体验农村生活、参加劳动，比如说插秧、翻地、拔草等，要寄宿在受助家庭里，与他们一起吃、一起住；二是要完成学校交代的慈善工作，将捐款分成四份，一份去县城购买电脑送给学校，一份资助计海胜（受助人），一份资助另外一个贫困生苗苗，一份购买“六一”节礼物给卜店学校五年级的全体学生。

妈妈：到达小山村的第一感觉是什么？

儿子：穷！落后！但是空气很清新，保留着大自然原有的气息。屋前屋后面积都很大，没有城市里高楼大厦的压抑感。

妈妈：整个任务中，对你来说，觉得最难的是什么？

儿子：翻地，很累，要拿着一把长长的铁锹，拼命地插、踩、起、翻，遇到很坚硬的泥土时，还得使出十二分力，从下午四点一直翻到晚上十点，我一直没有放弃，才按时完成任务。

妈妈：你最感动的一件事是什么？

儿子：我将学校大队部给卜店学校五年级学生买礼物的500元钱放在小背包里，但没有保管好被人偷了，计海胜的爸爸知道后，将他们家的“家底”都掏出来给了我，那是用一层一层的红布包起来的一大沓钱，我以为会有很多钱，但打开后，才发现都是一张张淡绿色的一元纸币堆积起来的，一共只有300多块。叔叔郑重地将他家的“家底”给了我，让我为学生买礼物。我为自己疏忽大意的行为深深忏悔，更为计叔叔的做法而感动。

妈妈：对完成整个任务，你对自己的自我评价怎么样？

儿子：Bad！但我能坚持下来，基本算得上及格吧。

妈妈：通过这次“简单任务”，你最大的收获是什么？

儿子：一是收获了一份友谊，我带计海胜去看病，请他吃饭。而他就因为我无意中提到想吃鸡肉，他就将家里舍不得吃的鸡杀掉了给我吃，又和我一起去捉虾改善“生活”；二是我亲身体验到农村生活的不易，他们的勤劳、淳朴是值得我们永远学习的；三是感受到我们的生活是很幸福的，以后我要珍惜生活，要懂得感恩，要好好学习，回报身边的人。

妈妈：任务完成了，你也回学校了，你还有什么愿望吗？

儿子：我希望计海胜同学能来我们学校，与我共同学习、生活，我要照顾好他，让他讲他们的故事给我们听。让班里的同学受到启发，受到教育。

雏鹰在行动

——“雏鹰在行动”主题活动启动仪式

2008年10月14日，五年级组“雏鹰在行动”活动在小学部阶梯教室举行启动仪式。五年级组400余名师生从集队步入会场到仪式结束只用了25分钟的时间，“短而精、平而快”是本次启动仪式最大的亮点。小学部德育处主任刘文娟老师参加了活动仪式，并为五年级同学颁发了小记者证和“雏鹰少年”奖状。

活动伊始，陈其升老师向五年级同学们发出了“雏鹰在行动”活动倡议：中华民族有五千多年的文明史，自古就是礼仪之邦。陶行知先生的“千学万学学做真人”这句话说的就是：学习应先学做人，学做文明人，学做社会人，只有这样，我们才能真正传承中华民族的传统美德。为了进一步发扬中华民族的传统美德，切实落实外校“塑造健全人格”的办学理念，本学期，五年级将举行“雏鹰在行动”年级主题教育活动，五年级的402名同学要认真学习《小学生守则》《小学生管理手册》，树立现代文明意识，争做文明人；勇于向不良风气和不良习惯进行挑战，从自身做起，从身边小事做起，热心帮助他人，养成良好的文明行为习惯。一要积极传播中华礼仪文化。以弘扬中华礼仪文化为己任，用文明言行约束自己，影响别人，传承礼仪文化精髓，让中华民族的传统美德在我们身上传承与发扬。二要努力学习文明礼仪知识。礼仪创造和谐，文明推动进步。我们要带动每个同学一起学习和推广文明礼貌用语，做到“礼仪，从你我开始；文明，从身边做起”，成为有礼有节、文明知礼的外校人。三要认真践行公共道德准则，严格遵守小学生日常行为规范。在公共场所，要自律守规，讲文明，守秩序，在校园，勤奋好学，举止得体，讲文明，讲礼仪，争做五年级每月优秀学生。在校园里，我们是文明的学生；在家庭中，我们是文明的孩子；在社会上，我们就是文明的使者、遵守社会公德的模范公民。让我们积极行动起来，积极投入到“雏鹰在行动”的主题教育活动中去，从自身做起，从现在做起，从小事做起，团结一心，共同努力，让广外外校成为文明之花遍地盛开的花园，成为环境幽雅、快乐成长的学习乐园。

随后，活动主策划者鲁亚利老师简单介绍了活动的内容：本学期五年级“雏鹰在行动”主题教育活动将历时11个星期，年级的402名同学都是活动的主人，我们将从各班选出两名雏鹰记者，年级志愿者三名，年级宣传栏负责人一名来具体负责本次活动。“雏鹰小记者”将带着相机拿着笔深入到年级和学校的角角落落，像中央电视台的“焦点访谈”节目记者一样，及时发现并播报大家在学习与生活中存在的不良现象，当然，有好的现象也将进行采访与记录，照片与文字材料会在年级展板公布，并与外校电视台直接联结；“雏鹰志愿者”将结合中华传统节日以及外校的各项活动（如运动会等），及时为大家服务。“雏鹰宣传栏”将以

“第三只眼看外校”的形式，及时公布活动情况。“雏鹰当师”行动：各班将选出的优秀学生进行培训后，送到低年级，让他们把良好的习惯带到其他年级；每个月，各班都将进行“雏鹰同学”的评比，相信表现优异的同学一定能获得这项大奖；最后我们将以小记者展板、读书笔记、摄影展、校园漫画现场比赛等形式进行活动的总结展示。

之后，雏鹰小记者代表谢弘昊、李炜萱同学作了即兴发言。

仪式的最后，小学部德育处主任刘文娟为20名雏鹰记者颁发了小记者证，为遴选出的20名“九月份雏鹰少年”颁发了奖状，并寄语10名宣传小策划师和30名年级志愿者以及五年级全体同学，希望他们在活动中共同进步，让好习惯、好风貌、好品行永远陪伴自己的成长，做立志高远的雏鹰。

雏鹰行动逾半载　全面历练育英才

——“雏鹰在行动”主题教育总结表彰活动

“不学礼无以立，人无礼则不生，事无礼则不成，国无礼则不宁。”2008年12月24日晚，小学部五年级400多名师生在中学部阶梯教室共同参与了“雏鹰在行动”主题教育总结表彰大会，校电视台台长张洪亮老师光临会场，现场点评了部分“雏鹰记者”的作品，并对同学们的礼仪规范提出了一些希望和要求。

表彰会伊始，五年级（9）班刘昕婧同学代表优秀雏鹰小记者，谈了点自己的心得体会。

这是我第一次当小记者，既兴奋又有趣，还有点神气，感觉有点新华社记者的气派！通过这段时间的尝试，我觉得作为一名记者，就要善于用我们的眼睛去发现和捕捉身边的真善美和假恶丑，然后再用我们的笔去引起人们的关注，启发大家的思考。这段时间以来，我们这些雏鹰记者把镜头对准了校园的每一个角落，记录了身边的许多人和事，其中不乏好人好事，但也有做得不够好的地方。而我的镜头捕捉的则是一件发生在我们宿舍的神秘事件——宿舍被“盗”了……

刘昕婧同学讲得绘声绘色，同学们听得如醉如痴。

紧接着，校电视台台长张洪亮老师对同学们的作品进行了精彩的点评，赢得了师生如潮般的掌声。

最后张老师表示：看了同学们的作品，非常高兴，下学期电视台将开设一个专栏，名字就叫“雏鹰在行动”，让同学们以第三只眼来看外校的“真善美”和“不文明之处”，届时会进行“校园实拍”。

随着吴誉华和邓欣宇两位小主持人的讲解，同学们一同欣赏了精美的幻灯片，共同回顾了一个学期以来的活动历程。别出心裁的是，两位小主持人在引领大家回顾的同时，还随机暂停让作品的原创小记者登台讲解，让大家共同分享作品诞生的具体情景和过程，同学们都听得津津有味。

会上，优秀志愿者蔡植辉、林嘉雯同学，宣传栏小策划师吴安琪、刘欣霖等同学也分别作了精彩发言。

活动主策划人鲁亚利老师作了总结性发言：“五年级组‘雏鹰在行动’主题教育养成活动已经圆满结束了，本学期以学生自育活动为载体，以小记者、志愿者、宣传组等学生团体的参与和活动为纽带，以学校日常工作和各种大型活动为背景，深入细致地在五年级全体学生中广泛宣传、动员和组织全员参与，领悟养成教育的真谛，并在各期展板的带领下促使同学们伴着小记者的镜头不断地反思、总结和提高。外校是一所活动育人的特色学校，在各种活动中孩子们收获更大的是一种方向，一种人生的暗示和指引，当一期又一期的宣传板展出来的时候，吸引的岂止是五年级师生的眼球。多少次穿着红色校服的高高低低的身影驻足观赏，多少个人站在展板前评头品足，这是一种思考。空气中传递着什么？那就是规范，那就是文明。也许孩子们的手还很稚嫩，也许我们的报导还显青涩，但我们是雏鹰，今天的活动权且看作是奋飞前的助跑，展翅吧，孩子们，在放飞希望的日子里阳光正灿烂！”鲁亚利老师声情并茂的演讲赢得了阵阵掌声。

对活动进行了全面深刻的总结后，欢快激越的音乐营造了喜悦的表彰氛围。年级主任陈其升老师和活动主策划人鲁亚利老师为优秀雏鹰记者、优秀志愿者、优秀宣传小策划师、雏鹰少年进行颁奖。获奖名单如下：

优秀雏鹰记者：

曾晓儿　孙重迩　霍　达　单家威　芮林思　赵首如　王潞铮　刘昕婧　张天怡　李炜萱　李　阳

优秀志愿者：

蔡植辉　程昭尹　万星月　王贺钧　叶芷晴　胡立然　林嘉雯　吴誉华　隋静筠　邓欣宇

优秀宣传策划师：

梁立帮　吴瑾婷　吴安琪　刘欣霖

走近影像孔子　感悟圣贤人生

——电影《论语》观后记

2007年11月20日晚，小学部四年级全体师生在高教楼各班教室观看了电影《论语》，大家第一次通过影像感悟了孔子的“仁爱”思想。

共播出了《成人之美》《善之偏正》《与人为善》《劝人为善》《善之半满》等五集影片，每集约10分钟，片中人物都是小学生们最喜欢的卡通形象。每集片头首先展现了当年孔子杏坛讲学的场景，然后播出一段《论语》原文，约1分钟的时间；接着，播出一个8分钟左右的充满生活情趣又富有吸引力的小故事，演绎《论语》的意蕴，这其中，有孔子性格直率的弟子子路和性格温雅的弟子颜回穿插在故事当中；最后，又回到杏坛前，再现孔子对诸弟子讲学的情景，用了1分钟的时间，联系实际阐释和提升《论语》原文的意义。深入浅出，寓教于乐，让学生受益匪浅。

本学期开展“与圣贤为友　伴经典同行”活动，采取议（沙龙讨论）、读（经典文章）、看（圣贤电影）、讲（圣贤为人求学故事）、写（感言作文）、诵唱（经典诗文）、行（“学圣贤助我行”演讲比赛）等形式来展开，以此提高学生内心的民族优秀传统意识，培养学生的综合能力。

鹰的志向　狼的团队

——秋游拓展体验活动

“好！很好！非常好！”

“行！能行！我能行！”

“不做环境的污染者！”

“不做气氛的破坏者！”

2010年10月21日，小学部四年级秋游活动在广东番禺东悦欢乐园举行。本次秋游活动的最大亮点是拓展训练！四年级组全体师生积极参与其中并得到了很好的锻炼。

“我们要具有鹰的志气！我们要成为狼的团队！”醒目的巨幅标语营造出了浓厚的氛围。上午9点10分，团队拓展训练正式拉开了帷幕，东悦欢乐园的张教官进行了风趣、凌厉的训前“破冰”讲话，增强了全体师生的参与性与积极性。拓展内容有：激情穿越彩虹圈、无敌大脚板、南水北调无间道、我的野炊我做主、机动游戏乐翻天……各位教官简单介绍了拓展活动的内容和要求，指导同学们组建了团队，增强了团队的凝聚力与归宿感，同学们很快调整好了心态，全身心投入到拓展训练活动中。

拓展活动一：激情穿越彩虹圈

全体同学以班级为单位手牵手围成十个大圈，每班把五个较大的彩色呼啦圈距离均等地放置在同学们围成大圈的手臂上，等到教官一声哨响，同学们要用肩部、头部与脚的协调动作让彩虹圈运转着传到下一个同学，同学之间一定要手拉手，五个彩色呼啦圈时快时慢地被同学们传送着，像一道流动的风景，同学们的欢笑声、呐喊声、加油声此起彼伏。指导四年级（10）班的陈教官讲解道，此项拓展训练活动，目的是培养团队合作精神，提高相邻同学之间解决问题的能力，以及训练学员的时间管理能力和目标管理能力，在感受项目的过程中，不同的团队成员表现出的对活动效果的影响力。

拓展活动二：无敌大脚板

“左！右！左！大家一起喊！1，2，3 抬脚！走！蹬地！”全班同学分成五组，每组 8 至 9 人，双脚固定在两块长长的木板上向前行走，哪一组最先到达目的地，哪一组就胜出。此项拓展训练活动有意义之处在于：其一，锻炼了小组成员的组织协调能力，角色安排要恰当，选手之间高矮胖瘦搭配要合理，步伐才能稳健有力，速度才能快起来；其二，有的小组长灵活，有的小组长民主、有的小组长果敢、有的小组长缜密、有的小组长精细……让学生体验到了不同风格领导下的团队绩效；其三，团队建设中团队核心是如何发挥作用的，小组长的口令指挥很重要，口令果断清晰，动作才能一致，小组八人的走路才能灵活得像一个人走路一样，步伐灵活矫健才能率先胜出！

拓展活动三：南水北调无间道

“快蹲下！手抬高一点！要有一点倾斜度！”四年级（6）班的张教官在一旁悉心地指导着，“南水北调”拓展项目要求全班分成两小组，每位学生都拿一个对半分开的管道，各组成员紧靠在一起，形成一个由高到低的“长龙”阵形的空中水道，把南边的水顺利地运送到北边，在相同的时间内，水的流速大、流量多、损耗小的一组获胜！张教官说，此项拓展活动旨在培养队员之间的沟通和信任能力，挑战队员的思维习惯，是否能有效配合团队利益甘于牺牲自我的小利益，因为活动中有的队员要站着、有的队员要半蹲着、有的队员要坐在地上，才能顺利完成“南水北调”的任务。

拓展活动四：我的野炊我做主

中午，“发扬团队精神，体现团队力量”的野炊竞赛活动如火如荼地开展起来：鸡肉2斤，肉片1斤，鸡蛋每人1个，香肠1包，肉饺1盒，瓜类、蔬菜、水果若干，8人为一组，各显身手。总教官一声令下，同学们就炸开了锅，连忙动手择菜、洗菜、切菜，鸡、鱼、肉、蛋、黄瓜、西红柿等荤素俱全，大家忙得不亦乐乎。

拓展活动五：机动游戏乐翻天

“真过瘾！太刺激啦！”在游乐区，同学们着实乐翻了天！他们体验了神州飞碟、丛林飞鼠、摩天环车游戏的刺激，又在体能拓展区的军事野战训练中充分体验到了野战军人的威风和机智：在成片的森林中，在低矮的灌木丛中，敌我双方斗智斗勇。还有碰碰车项目：驾驶着战车，冲锋在电闪的战车场，与对手猛烈地冲撞，激烈地振荡，一次又一次。激流冲浪：两人乘坐一条小艇，升空、飞翔、加速、俯冲，在近30米长的斜轨上风驰电掣冲下水面，让人变成一只自由的小鸟，伴随飞扬的水花和淋漓的尖叫，感受瞬间自由落体的感觉。海盗船：在颠簸起伏的大海中沉浮，让人一尝加勒比海盗的八面威风，让人闻风丧胆的气势。最令人难忘的是鬼城，简直让人胆战心惊：僵尸发出可怕的声音，哐当一声脚踩虚了，人好像掉进了地狱，一团漆黑，“鬼”伸出爪子来抓你……最浪漫的是豪华转马：美妙的音乐、旋转的舞台，王子骑着白马，公主飘动长裙，像在上演一出浪漫的童话剧……

时光匆匆地溜走了，下午，四年级组全体师生按时乘车回校。这次实践让师生之情更加融洽，也增强了班级凝聚力，体验到了亲自劳动的快乐，培养了学生的团队精神，这是锻炼体智、启发心灵的全新体验之旅。

东悦拓展训练活动，令人回味！令人难忘！

班级小岗位招聘又开锣啦

2011年9月6日下午，小学部五年级（7）班的教室里，新学期“小岗位招聘”重新开锣。

同学们盯着大屏幕上的岗位职务设置和岗位职责要求，心里各自盘算着：哪个岗位竞争激烈，难度太大；哪个岗位，要求太低，不能更好地锻炼自己的能力；哪个岗位更适合发挥自己的特长，能为同学们提供更好的服务……“人人有事做，事事有人做”，42位同学、42个不同的岗位。基本上分为“职能性岗位”“事务性岗位”两大类，如班委会职能岗位的设置：班长、学习委员、体育委员、劳动委员等；还有各学科的代表，小组长职务，如语文科代表、品社科代表、一组小组长、二组小组长等。此外，还设置了许多具体的事务性小岗位，如节能委员、路队长、旗手、图书管理员、档案员、器材员、校车及课表管理员、师生联络员等。

经过40分钟的紧张应聘，42位同学都找到了自己心仪的小岗位，并与班主任孙老师签订了责任状。“千斤重担大家挑，人人头上有指标。”班主任会根据责任状中工作达标的细则来对每个岗位的学生进行平时的考评和期末总评，新的一学期就这样信心满怀地开始了。

畅谈《开学第一课》

——中队长例会

2011年9月6日下午，小学部五年级各中队长例会在高教楼509室召开。会上，各中队长汇报了开学两天来班内同学在安全、纪律、学习、卫生、大课间活动等方面的情况，并就观看《开学第一课》畅谈了自己的感受。年级主任项恒鹏老师主持了会议，并对各中队长进行了“自我管理、自我策划、自我发展”的队干知识培训。各中队长的观后感简要摘录如下：

五年级（1）班中队长　黄栩琳：

在9月5日那一天，我们观看了《开学第一课》。嘀嗒嘀嗒，秒针静静地走着，教室里的喧闹声慢慢小了，同学们紧紧地注视着电视。随着音乐声响起，《开学第一课》——我们期待了很久的电视节目终于开始了……

第一个出场的节目是由一个女孩和叔叔出演的一个关于军人叔叔和她女儿的两封通信的内容，我真的觉得很感动，虽然相隔千里，虽然都那么想念彼此，可依然相互鼓励、安慰……女儿在条件好的教室读书，父亲感到很欣慰，父亲依然健康，女儿感到很开心……这样的信念，伟大的信念啊！紧接着，一个男生出场了，他就是刘浩同学。刘浩同学虽然眼睛看不到了，但是依然能把钢琴弹得很棒，可是背后要有多少人支持啊！小刘浩的妈妈做了多少事情？小刘浩和他妈妈一直没有放弃，一直在前进，犹如彼此的知己，也是分不开的母子俩……还有很多人出场，有名人、明星，还有一些普通人，他们要告诉我们的是，要努力好好读书，要读书！

五年级（2）班中队长　林莉丽：

幸福是帮助别人，帮助自己。我觉得幸福是帮助别人，别人开心了，自己也就开心。

五年级（3）班中队长　廖敏宽：

在我眼中，幸福是能快快乐乐地生活，有健康的身体，和同学友好相处。幸福无法用金钱买来，哪里有爱，哪里就有幸福。

五年级（4）班中队长　王艺霖：

成龙叔叔带来的故事让我懂得了“做事不能依赖别人，父母对儿女的爱很伟大”的道理。

五年级（5）班中队长　张蕾：

幸福是给予和奉献。小时候，孟佩杰姐姐因为父母离世而变成一名孤儿，母亲生前将她托付给邻居阿姨。5 岁的她在养母的照顾下，度过了 3 年的艰苦生活。8 岁那年养母生病，下半身失去知觉，小小的她毅然担起了照顾养母的重任。每天既要上学，又要兼顾照料养母，于是每天形成固定的轨迹——早上起床，帮妈妈洗尿布、洗漱、做早餐，拿着冷馒头去学校。中午放学跑回家，做完午饭后再上学。下午到菜市场捡菜叶后回家带母亲散步，煮晚饭，给妈妈擦身体、按摩，写作业。换成是我们，多数是被父母照顾，而不是照顾父母。因此，我们要珍惜父母所做的一切。

五年级（6）班中队长　杨凯珺：

9 月 5 日晚上，小学部全体学生观看了《开学第一课》。《开学第一课》是由教育部和中央电视台联合举办的大型公益活动，此次主题是：幸福。学校在观看《开学第一课》后，收集孩子们对“幸福是什么?”的理解。那他（她）们心中的幸福又是什么呢？幸福是坚持和信念。节目中的盲童刘浩小朋友克服种种困难，并没有因为失明而放弃弹钢琴。他那优美的琴声打动了每一位听众的心，而刘浩的妈妈用针扎成的盲谱也感动着每一位观众的心。母子俩的相互鼓励，让彼此感到幸福，也让大家为他们感到骄傲。

五年级（7）班中队长　杜澄：

星期一的晚上，我们观看了以“幸福”为主题的《开学第一课》。妈妈经常说我身在福中不知福，所以我经常在想：幸福到底是什么？想来想去仍然想不出来。这次观看了《开学第一课》，它告诉了我什么叫幸福。

首先，我看到了一个盲童，他弹钢琴很厉害，但是，他的钢琴生涯可不容易。当初为了学业来到北京，天天省吃俭用，生活过得很辛苦。因为他是盲童，所以没有人敢教他钢琴，但是他并不泄气，反而去安慰妈妈。后来，因为有了好心人的帮助，他读上了盲童学校，而且也学习了钢琴，可能对于他来说，能上学，能弹钢琴就是一种幸福吧。然后，让我印象最深刻的就是一个大学的姐姐，她从8岁开始就开始照顾妈妈，每年365天从没有间断过。她每天早早起床就开始忙活，帮妈妈换尿布、洗漱、做早餐，然后就急急忙忙拿着个冷馒头一路小跑去上学了。中午放学后，她又像风一样急忙赶去菜市场买最便宜的菜，然后就立马赶回家煮饭给妈妈吃。中午吃完饭，她又匆匆地跑去上课。下午回家，她就带着闷在家里一天的妈妈去散散心。散完步回来，她又要给她妈妈按摩和煮饭。做完家务，已经差不多九点了，她才开始做作业。令我最感动的就是有一次一个姐姐带她去吃肯德基，她没舍得吃，准备带回去给妈妈吃。回到家后，她骗妈妈说已经吃得很饱了，便给了妈妈。谁知道，到现在她也不知道肯德基是什么味儿。或许，对于她来说，自己吃肯德基不是幸福，看见妈妈吃肯德基才是幸福。也许，她最大的幸福就是照顾妈妈，为妈妈做按摩。

啊！我知道了！我终于知道幸福是什么了！父母的宠爱不一定就是幸福，也许在一些贫困的地方，孩子们能上学就是幸福，帮助别人就是幸福，那些山区的孩子能吃上青菜就是幸福，衣食无归的人有了工作和房子就是幸福！我突然觉得我自己太幸福了，我有那么多漂亮的衣服穿，天天都能吃得饱，而且我还能上这么好的学校，我实在是太幸福了！这次的《开学第一课》让我学到了很多东西，我永远不会忘记这个《开学第一课》！

五年级（8）班中队长　陈楚月：

“幸福在哪里呀！幸福在哪里？”幸福？幸福是有无数的钱吗？幸福是有很多漂亮的衣服吗？幸福是有很多玩具吗？不是！那幸福是什么呢？幸福是帮助那些需要帮助的人。

随着琴声响起，我看见了一个很无助的小男孩。因为他眼睛看不见，他——是个钢琴五级，而且参加过国际钢琴比赛，拿到个冠军的男孩。他——是个神童吗？不，他在北京求学，因为眼睛看不见，所以很多老师都不要他，最终在一个好心的老师的帮助下，成功学会了钢琴。他的妈妈每天都带他去琴行练琴，每天练完钢琴他都哭着，赖着不肯走，这种坚持不懈的精神非常值得我们学习。著名影星成龙说过：“相信自己，学会吃苦，没有什么是不可以；学着尝试新的路，走别人不能走的路。”邓亚萍说：“任何事从现在开始都不晚，相信自己一定能行。”于丹说：“成长比成绩更重要。”刘若英说：“在这个世界上最强大的不是困难，而是爱。”通过观看《开学第一课》，我受益匪浅。这个故事让我知道，爱是最伟大的！

五年级（9）班中队长　陈蔼珩：

幸福是责任。军人叔叔和他女儿的两封信的内容让我尤为感动。尽管相隔千里，但父女俩用书信相互鼓励、安慰……女儿在校好好学习，父亲在外认真工作。彼此相互支持，相互谅解，在各自不同的位置恪尽职守，完成自己应有的责任。

五年级（10）班中队长　谢雯婷：

9月5日晚，我们观看了《开学第一课》，主题是幸福。一开始我有些奇怪，幸福到底是什么呢？但是当我看到片子时，我全部明白了：片子里讲的是一个盲童，他很爱弹钢琴，可是他妈妈带他问过了40多个老师，他们都说：“你孩子都瞎了还弹什么琴！”终于，在一家爱心社的帮助下，那个盲童可以学钢琴了。可是谱子怎么办，于是他妈妈拿针在牛皮纸上一针一针地扎出盲谱，看到儿子脸上洋溢着幸福的笑容，我明白了，这就是幸福。同学们，我们应该像成龙所说的那样：“相信自己学会吃苦，没有什么不可以；学着去尝试新的路，走别人不能走的路。”这些话，我们应该牢牢记在心中。

最后，是《开学第一课》幸福成长宣言：我要成长，我要自信，我要超越，我要感恩，我要分享，我要宽容，我要沟通，我要赞美，我要努力，我要奉献！同学们，只要我们做到以上几点，那么，我们的生活将会变得更加幸福！

理想信念

人人都有座右铭

——“导航人生——我写座右铭”班会活动

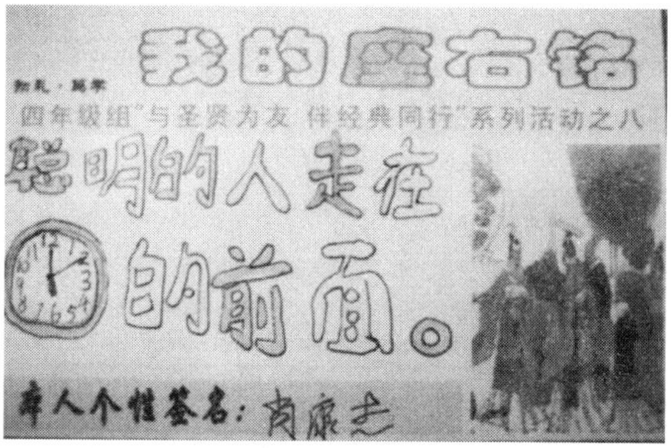

随着“与圣贤为友，伴经典同行”级组活动的不断深入，四年级学生把圣贤的思想精髓、经典的内容精华，内化为指导自己日常学习和行为的准则。2008 年 4 月 13 日晚，四年级全体师生举行了“导航人生——我写座右铭”的班会活动，精彩呈现了同学们极具个性化的座右铭。

班会伊始，一名学生主持人阐释了座右铭的定义，即座右铭就是写出来放在座位右边的格言，后泛指人们激励、警戒自己，作为行动指南的格言，是用来警惕自己的文字。其体裁或文或联，其文字有长有短，大都起着励志修身、鞭策警醒的作用。

另一名学生主持人饶有兴致地讲出了关于座右铭的来源的两个传说：第一个传说是有关我国古代大教育家孔子的故事。有一次，孔子带着学生到庙里去朝拜，见到欹（qī）器，觉得很奇怪，于是就向庙里管香火的人打听。管香火的人告诉他，欹器是一种奇特的盛酒器，空着的时候往一边斜，装了大半罐则稳稳当当地直立起来，装满了则会一个跟头翻过去，这种欹器给人以“不能自满，自满就要翻跟头”的启迪。于是孔子就让学生取来水倒进欹器，果然欹器装满了水就一个跟头翻了过去。孔子又对学生说："读书也是一样，谦受益，满招损。你们一定要牢牢记住。"回到家里，孔子也请人做了个欹器放在座位的右侧，用来警戒自己活到老，学到老，要永不满足。后来欹器被刻在金属上的文字所代替，放在自己座位旁，包括许多格言、警句。还有一个传说是这样的：宋朝时有个叫吴介的人很喜欢史书，史书中记载的可以吸取经验教训的事，他都抄下来，放在座位的右边，称之为"座右铭"。铭就是刻在器物上记述生平、事业或警惕自己的文字。时间长了，他家连墙上、窗上都贴满了警句和格言，以后就慢慢地传开了。

接着，同学们赏析了周恩来、狄更斯、叶挺、法拉第等20位中外名人的"座右铭"，随后，同学们以"自己创作"和"借鉴经典言论或名人格言"两种形式开始构思自己的座右铭，二十分钟过去了，一条条创意新颖、图文并茂的学生座右铭出炉了，内容涉及"为人、为学、交友、立志、处世"等各方面，经老师塑封后，同学们把自己写的座右铭粘贴在课桌的右上方，用以时时激励自己。

四年级组陈老师介绍，全体四年级师生为深入践行"知礼""笃学"的外校育人理念，一年来一直紧紧围绕着"与圣贤为友　伴经典同行"这一主题，积极开展了形式多样、内涵丰富的"学习中华民族优秀传统文化"系列活动，如采取"议"（沙龙讨论）、"读"（经典文章）、"看"（圣贤电影）、"讲"（圣贤为人求学故事）、"诵唱演示"（经典诗文）、"行"（学圣贤品行夺星达标）等形式来开展。策划本次"写座右铭"主题班会，旨在让学生通过"写"的形式，提高学生的中华民族优秀传统文化涵养，深化自己的信仰，树立正确的人生观、世界观、奋斗观，增强正确为人、正确交友、正确为学的动力，以此锻炼学生的综合能力，从而让学生安全、健康、快乐地成长。4月17日，四年级组的老师还要遴选一批座右铭，办一次展板，为同学们搭建一个激志砺行的共享舞台，以期达到理想的育人效果。

附部分学生座右铭：

肖康杰：聪明的人走在时钟的前面。

宋展东：不珍惜今日光阴，必留遗憾于明日。加油！

曾子超：人生是一块碧玉，如果不去反复雕琢，就不会有惊世骇俗。

游昕桦：学者的眼睛是明灯，文盲的眼睛是黑洞。

周家铭：人生路，必有难，苦不怕，必成功。

蔡仕源：学习在于百分之五十的汗水和百分之五十的智慧。

杨益桐：时间不等人，珍惜在眼前。

岑靖嫣：与细心交友，视粗心为敌。

蔡植辉：人在学习方面不可能一步登天，但可以一步步登天，相信，命运不会辜负好学者的期望。

黄楚盈：学习是苦根上长出来的甜果；在强者眼中，没有最好，只有更好；拥有一颗平常心，泥土也能变成金。

张培臻：把希望、努力、奋斗带上吧！它们可以让你在人生的道路上创造辉煌。

刘沛：与朋友交，言而有信。

陈铎涛：尽自己的努力去做，不管是成功还是失败。

熊天扬：只有想不到的事，没有做不到的事。

王粲：观察事物是一种很大的乐趣，它会给你带来无限大的快乐。

危美霖：一生中只有一条路不可以走——懒惰；只有一条路不可以拒绝——勤劳。学习就是我们的营养，勤劳就是我们的维生素。

黄莞盈：只有相信自己能成功，才能成功。勇敢地迈出第一步，就是成功的一半。

梁桂尧：成功＝少谈空话＋辛苦劳动＋正确的方法。

陈海斌：利用身边的每一分每一秒，不要浪费时间。你抛弃时间，时间也会抛弃你。

王熹多：做事情不能虎头蛇尾，要不然到头来会是一场空。

黄雪涛：勇气不等于冲动。

黄嘉俊：诚实比智慧更重要。

刘承彬：合理安排时间就等于节约时间。

叶梓浩：态度决定一切。

卢柏焱：笨不是真笨，而是懒。

芮林思：成功不要骄傲，失败不要放弃。

李浩然：想要壮志凌云，干要脚踏实地。

蔡芊柳：作业马虎不得，读书粗心不得。

汤淦铭：仔细看任何东西，专心做任何事情。

邓铭昊：人生要活得快乐，安全第一；人生要过得充实，学习第一。

王潞铮：处处留心皆学问。

陈浩林：学习就像与他人比划船，如果你不超过别人，别人就会超过你。

林嘉雯：成功不是随随便便就能得来的，而是靠艰苦的劳动加上正确的方法和不懈的努力换来的。

石佳鑫：与朋友交，言而有信。

郑浩霆：每天进步一点点，每周迈出一大步！

宋晓霖：奇迹总是出现在意想不到的时刻。

许金朝：成功不可骄傲，失败不可灰心。

崔心雨：有爱的地方就是我的家。

赵若彤：只要你认真去做每一件事，任何人都能做好。

赵立基：不听别人好言劝告，偏偏一意孤行，那将会自食其果。

石峰荣：要认真学习圣人做事的态度，做人的品质。

禹凯川：多看书吧，书可以给你带来快乐！

殷梓峰：做任何事情都要相信自己，不懂就要问，错了就错了，不能对自己失去信心。

蓝蔚：在成长之路上摔倒时，上进的人会把它当作一次磨炼。

黄成诚：努力不一定成功，但放弃就一定失败。

黄寅麒：我有三个想法：一是认真，二是认真，三还是认真。

黄兢：懒惰的人等待机会，勤奋的人创造良机。

杨睿：我要做到四习：发奋学习、努力自习、轻松练习、认真复习。

陈颖璇：世上没有做不到的事，只有你自己不愿做的事。

施雨浩：为别人着想，等于给自己插上一对翅膀。

看《建国大业》　做阳光少年

——“阳光少年在成长”主题教育活动拉开序幕

一场别开生面的视觉盛宴——观看大型献礼电影《建国大业》，拉开了六年级“阳光少年在成长”大型主题教育活动的序幕。

2009年10月13日，在中国少年先锋队建队60周年这个喜庆的日子里，六年级403名学生、22位教师和部分学生家长齐聚在中学部阶梯教室。晚上6点40分，年级主任陈其升老师宣布活动开始并作了重要讲话。

亲爱的同学们，今天晚上，在中学部阶梯教室集合，我们有两个目的：一是年级主题教育活动“阳光少年在成长”的启动仪式；二是通过观看电影，对在座的同学进行爱国主义教育。

本学期，我们年级开展的主题教育活动的名称是“阳光少年在成长”。我们紧扣年级三年规划中所制订的育人目标，在四、五年级活动取得的成果基础上，在学部的“爱与成长”大主题背景下，本学期以争做“阳光少年”为着力点，以爱与成长系列主题活动为贯穿，从学生的学情出发，培养学生健康的心态，健全的人格，良好的品行习惯，以及正确的榜样观和偶像观。

活动具体安排是：九月份，老师们讨论和制订活动计划；十月份，心理老师为全年级学生建立“生命档案”，让学生学会了解自己，筹划年级组“做阳光少年”的“榜样篇”，学习全国十佳少先队员的事迹，让学生明确目标，有正确的榜样观和偶像观。组织同学们观看电影《建国大业》，让学生接受爱国主义教育，每周的班会以《阳光少年》为主题来开展；11月份，姚美兰老师为学生做“阳光少年在成长”专题讲座，让学生从心理的角度认识什么样的少年才称得上是“阳光少年”。每月评选出“年级十佳少年”“班级十佳少年”“年级阳光少年”；12月份，年级组对本学期开展的活动进行总结展示，表彰先进同学，让学生树立正确的榜样观，并做阳光少年，健康成长。

六年级（4）班谢嘉烨同学简述了电影《建国大业》的剧情，并向同学们发出了“争做阳光少年”的倡议。影片中出现了100多位现今最红的影视明星，为了不让学生只关注影星，而忽略剧情与历史，所以安排了学生简述电影剧情，让同学们先了解这段历史，再进行观看。当影片播放到1949年10月1日开国大典上毛主席宣布新中国成立的一刹那，全场同学们响起了如潮水般的掌声，经久不息。

电影播放到晚上七点准时结束，陈其升老师布置了各班组织学生写《建国大业》观后感的延续活动，并现场宣读了范新敏、赵俊鹏等几位同学现场写下的精彩感言，让同学们受益匪浅。

电影《建国大业》开启了六年级“阳光少年在成长”主题教育活动的序幕。

志必存高远　年少当拏云

——“争做智慧少年”活动启动仪式

“行有规范、心有恩情、学有乐趣、考有成绩，这就是六年级组对智慧少年的阐释。”2012年9月25日晚，小学部六年级大型主题教育活动“争做智慧少年”启动仪式在中学部阶梯教室举行，六年级全体师生参加了活动，启动仪式由六年级（2）班吕依雯同学主持，小学部学生处主任刘文娟参加了启动仪式并做了重要讲话。

活动伊始，六年级（6）班翁思洽、陈熙、董婧、殷文钊、杨凯珺、徐伯灏等六位同学作了题为《争当祖国的好少年》的精彩献词。“做智慧的少年，满怀激情与理想，扬帆于知识的海洋上。做青春的少年，一如清晨的太阳，让纯真的思想闪光。做沉着的少年，告别幼稚与莽撞，勇敢地面对挑战。做理性的少年，拨开重重迷惑与假象，将真理释放。做礼貌的少年，让文雅的举止般配青春的时装……”热情洋溢的朗诵赢得了大家热烈的掌声。

接着，优秀学生代表，原五年级（2）班学生，现跳级在初一（16）班就读的陈梵之同学；三年前被评为“广州市优秀学生干部”，现就读于初三（5）班的品学兼优的李炜萱同学分别作了精彩的演讲。

陈梵之同学说：“过去五年，我几乎每学期都拿到学习一等奖，语文作文、英语、奥数等也曾获得全国或全省的一、二等奖，但这不是我最自豪的。我最自豪的是，与此同时，我读了好多好多的课外书，写了100多篇小作文，我的钢琴过了英皇7级，我的高尔夫球已经打到90多杆，我个人的国画画册即将出版，还有篮球、网球等，我都有时间去享受它们。为什么我能开心地学那么多东西呢？我的时间并不比别人多呀。一个最主要的小秘密，就是要充分利用课堂时间，用心听讲，勇于发言，积极参与，牢记各种新的知识点，做到灵活掌握，当场消化，学习效率提高了，就有更多的时间做自己喜欢的事情了。另一个小秘密，就是要培养自己多方面的兴趣。俗话说，兴趣是最好的老师。一样东西，只有你自己喜欢了，才有动力去做到最好。一直以来，我的好奇心很强，对各种新鲜事物都有比较浓厚的兴趣，而老师和家长也鼓励并创造机会让我去接触，去尝试。而当你用心去尝试时，你才可能发现，自己在某方面其实是很厉害的。所以，我的感觉是，一个人的兴趣有多大，他的潜力就有多大!”

李炜萱同学也和六年级的学弟学妹们分享了自己的成长经历和一些个人的学习秘诀。她认为，不是每一次努力都会有收获，但是，每一次收获都必须努力。成功的鲜花，人们只惊羡她开放时的明艳，然而，当初她的芽儿，却浸透了奋斗的泪水，洒遍了牺牲的血雨。没有人生来就优秀，每个人的成功都是一步一步努力得来的。也许在你上网时，别人在写作业；也许在你睡懒觉的时候，别人早早地起来背单词……所以，永远不要羡慕别人、嫉妒别人，因为本来你也可以的，可是你却没有付出努力。虔诚地对待学习吧，你一定会有所收获的。当你变得优秀时，你就一定能体会到成功的喜悦。

六年级（5）班的张蕾同学上台组织了“争做智慧少年”互动“赛诗”活动，把启动仪式推向了高潮。接着，主要策划人之一的肖红海老师宣讲“争做智慧少年”主要流程及内容，他讲道，让六年级的孩子们充满理想、热爱生活、朝气蓬勃；自信自强、乐观向上、永不放弃；知识丰富、兴趣广泛、特长明显，个性鲜明；品行端正、善解人意、善于合作。让每个孩子健康快乐地成长，让每个孩子在家做个好孩子（勤俭自强，尊敬长辈）；在校做个好学生（主动学习，全面发展）；在社会上做个好少年（诚实守信，道德规范）。活动具体内容有：九月份，行有规范——争做遵规守纪的智慧少年；十月份，心有感恩——争做尊师助人的智慧少年；十一月份，学有乐趣——争做勤奋好学的智慧少年；十二月份，考有成绩——争做成绩优异的智慧少年。

会上，学生处主任刘文娟对六年级“争做智慧少年”活动的实操方案给予了充分的肯定。她认为：六年级以“四有”（行有规范、心有恩情、学有乐趣、考有成绩）的标准来考量“智慧少年”，适合毕业班的特点，希望全年级师生齐努力，把活动做细、做活、做实。

最后，六年级主任项恒鹏老师结合年级实际，部署了本学期的几项重要工作，强调了近期年级工作中的几个问题，并宣布六年级“争做智慧少年”活动正式启动。

我优秀　我入团

——“推优入团”工作开启仪式

2012年11月29日晚，小学部六年级50名优秀少先队员与初、高中的入团积极分子共同参加了校团委在中学部举行的入团考试。优队建团，强团带队的“推优入团”工作的开展在我校尚属首次。

团章规定：“少先队组织可以推荐优秀少先队员作为团的发展对象”，这为构建团队一体化建设提供了理论依据。我校前不久召开的“全校年级主任大会”为少先队组织和校团委组织提供了结合的机会。会后，毕业班六年级组的优秀少先队员积极向团组织靠拢，认真学习团章，了解团史，为早日入团作准备。

校团委书记杨亮老师说道，校团委正在认真地做好“推优入团”的考察和培养工作。通过“推优入团”，把德智体全面发展的优秀少先队员提前引导、汇聚到共青团组织中来，这是团组织建设的源头，是培养跨世纪人才的基石。同时，这也是少先队建设的一个新课题和新举措。我们要充分利用“推优入团”工作来抓团前教育，抓团队衔接，构建团组织的生长点，以此保持团组织和少先队组织的活力、吸引力和凝聚力，促进学校团、队工作的健康发展。

冉冉升起的作文小星星

——辜伟廉成长记

翻开新一期的《孩子》杂志，一个熟悉的名字映入眼帘。小学部三年级（10）班辜伟廉同学在《孩子》杂志2007年第6期上刊发了《我的自画像》《碧水湾温泉》《颜色的奥秘》《我家的“菜园子”》《我的爸爸》等五篇习作，并被《孩子》杂志评为当月的“作文之星”。

任教该班语文课的项老师介绍说，辜伟廉是一个很“难缠”的学生。在上作文课时，他经常表现出三个比较显著的特点，一是不大守“规矩”，经常不举手发言，会冷不丁地问一连串的“为什么”，让老师应接不暇。根据已有的作文教学经验，项老师敏感地意识到这是一种“天赋”，每次遇到辜伟廉“打机关枪”的时候，项老师就有意地放慢教学进度，营造一种“宽松”的氛围，让辜伟廉淋漓尽致地发挥天才般的想象。二是辜伟廉同学的每篇作文都写得很长，不论是课堂作文还是课外作文，都是“千字文”，每次都是他最先找老师要新的作文本。辜伟廉同学的课外阅读涉猎很广泛，学校发的课外阅读记录本也总是不够用。这次刊发的《颜色的奥秘》一文，是上学期三年级期末考试的现场作文，《孩子》杂志社的编辑在看到此文时赞叹道：“三年级的小学生在短短的考试时间里能写出这么精彩的文章，真令人惊讶！”三是在作文课堂上爱搞“发明创造”，善于总结写法。有一次，老师布置写“母爱”的文章，辜伟廉同学提笔写道：“妈妈对我有两种爱，一种是慈爱，一种是严爱……”在此段的结尾处打了个括弧，括弧里写道：“这是对比开头法。”经他总结的诸如此类的方法还有“诗句开头法”“对话开头法”“悬念开头法”“行文中巧点中心句法”“直抒胸臆结尾法”“悟理收篇法”等，就这样“一招半式”的积累，辜伟廉同学慢慢练出了自己初具雏形的作文“组合拳”。

在谈到写作文的感受时，辜伟廉同学说：“写作文时，我有一种快乐飞翔的感觉，感觉到我是用自己的想法，在生活空间、知识空间、想象空间编织文学思维的宽带网……”目前，已有三家报刊社向辜伟廉同学寄来了约稿、用稿信函。衷心希望这颗崭露头角的作文小星星，能继续坚持“多听、多写、多读、多思”的良好习惯，充分利用外校提供的丰富育人资源茁壮地成长。

附：辜伟廉同学在《孩子》杂志2007年第6期上发表的五篇习作

每月一星（本期明星：辜伟廉）

我的自画像

他，短短的头发又硬又粗，明亮的大眼睛炯炯有神，大大的嘴巴喜说好问，笑起来嘴角边露出两个小酒窝。你别看他长得一副可爱模样，他可是一个马大哈！

就说他鼎鼎有名的“丢三落四”的习惯吧！这个学期，经他的手就不知弄丢了多少东西。眼镜失踪了三次；妈妈周日买的手表，他周一就弄得不见了；还有刨笔刀、书、剪刀……甚至有一次差点把他爸爸的驾驶证都给弄丢了。你说，他是多么粗心呀！

生活上，他除了粗心大意，还经常表现得大大咧咧、不拘小节。比如，站没站相（东倒西歪，连队都站不直）、坐没坐相（跷二郎腿、转椅子）；在宿舍里说话很大声；吃饭不洗手等等。

你可别看他的缺点这么多，他的优点也不少啊。就说学习吧，写日记，他在班里是数一数二的；英语成绩，在班里排前五名；美术方面，他的画画在班上是最棒的，还当上了美术委员……在生活上，他也有很多优点。比如衣服叠得平平整整、被子叠得方方正正。爱运动、爱劳动，关心别人、乐于助人，还是一个负责任的宿舍长……

对了，你猜这个人是谁？告诉你吧，他就是我——辜伟廉！

辜伟廉作文选

碧水湾温泉

今天，我们全家去碧水湾温泉度假村泡温泉。

一走进度假村的大门，三个圆形的多功能游泳池就展现在我们眼前。池水清澈见底，如同三块透明的绿宝石，静静地躺在大地的怀抱里。我迫不及待地纵身跳进泉水中，啊，真爽快！

多功能游泳池的游乐项目真多，有水上舞台、水球场、旋转滑梯、强力水门、浮桥、泡泡船……我像一条快乐的泥鳅，在水里灵活地窜来窜去，尽情玩耍。把所有的游乐项目都玩儿了一遍之后，我又兴致勃勃地去体验其他温泉。

碧水湾里的温泉池真多！二十多个形状各异、功能不同的温泉池星罗棋布地被青山绿水包围着，有酒池、咖啡池、鱼疗池、冲击池、观景池、冰火池、三叠泉、香熏池、强心益脑池、玫瑰花瓣池、OK池……这些都是根据中医理论配制而成的药浴温泉池及各种特色池。

在所有的温泉池中，我印象最深刻的就是强心益脑池。那里烟雾缭绕，人在里面如梦如幻，你一定以为这是水蒸气产生的天然雾气，其实它只是人造雾气。

最刺激的莫过于冰火池了。相邻的两个池，一个热如火，一个冻如冰；一个热得可以煮熟鸡蛋，一个冻得让人浑身直哆嗦。它们都有独特的功效呢，据说可以加速血管收缩，加强血液循环，提高人体免疫力。

最好玩的就是印尼温泉鱼疗池了。上千条黑灰色、约十公分长的小鱼儿在水里穿梭不停。游客只需静静地坐在池边，把两脚放进水中，小鱼就会围拢过来，勤勤恳恳（亲亲啃啃）地工作，把人体的老化角质、细菌和毛孔排泄物清理干净。当小鱼轻轻咬我的时候，可以感觉到它们的小嘴在一张一合，那种酥酥麻麻的感觉，真是有趣又难忘。

据景区负责人介绍，碧水湾的温泉属于世界稀有的小苏打温泉，全世界只有两个地方才有呢，那就是这里和瑞士。它还荣获“国家AAAA级景区”及“2005年度国内最佳旅游目的地”的称号。如果你还没来过碧水湾，就赶快来体验一下吧！

《孩子》点评：美丽可爱的碧水湾温泉，在小作者笔下被描述得惟妙惟肖，让我们有身临其境的感受！心动不如行动，“那就赶快来体验一下吧！”（指导老师：项恒鹏）

颜色的奥秘

一天，小明在家里画画。他在一张纸上画了一个大果园，果园里种满了各式各样的水果树，树上硕果累累。正当小明画完构图准备涂颜色的时候，突然发现彩色笔用完了，这时，他听到了敲门声，便起身去开门。只见外面站着红、黄、蓝，小明诧异地问它们来干吗，颜色们说：“听说你在画画，可又没彩色笔，所以我们来帮你。”小明明白了它们的来意，便高兴地把颜色们请进屋里。

颜色们一看到小明画的水果园，便立刻行动起来。红色涂苹果，黄色涂香蕉，蓝色涂天空。但树叶、橘子、葡萄着急了，它们不高兴地嚷嚷着：“难道我们没有颜色吗？太不公平了！”这可怎么办？我们这里没有绿色、橙色和紫色呀！大家都发起愁来。这时，一向爱看书的小明灵机一动：“我知道红和蓝搅混在一起就会变成紫色，黄和红搅混在一起就会变成橙色，还有蓝和黄搅混在一起会变成绿色。”颜色们恍然大悟，它们都忘记了自己还有这个本领。于是红、黄、蓝立刻分别搅和起来了，不一会儿，它们果真调出了绿、橙、紫三种颜色，并很快地给树叶、橘子和葡萄分别涂上了鲜艳的色彩。

看，现在水果园里多美丽啊！红红的苹果、黄黄的香蕉、橙橙的橘子、紫紫的葡萄、绿绿的树叶、蓝蓝的天空……真是万紫千红，美不胜收！

小明捧着漂亮的画作，高兴极了。当他正要向颜色们表示谢意的时候，红、黄、蓝突然化作三缕彩色的轻烟，缥缈地飞向遥远的天空。小明知道，颜色们要回到它们五彩缤纷的色彩王国去了。

（注：该文为小作者的期末考试习作。）

《孩子》点评：三年级的小学生在短短的考试时间里能写出这么精彩的文章，真令人惊讶！这篇充满诗意和想象力的寓言故事，蕴含着一个平凡而深刻的道理：团结协作！

我家的“菜园子”

我们家有个花园。虽然它叫作花园，但我认为它更像菜园，因为，我们在里面种了许多各式各样的瓜果蔬菜。

就说那几棵亭亭玉立、高大挺拔的木瓜树吧，别看它们的树干细细的，但在上面却结了十几个大木瓜哩！听妈妈说它们都是夏威夷木瓜，它们的果肉厚厚的，味道清甜，而且籽也很少，我们全家人都特别爱吃。

看，那些荷兰豆！它们弯弯的身子，像一条条小船，多好看啊！豆子都长得很饱满，鼓鼓囊囊的，好像随时都会撑爆。听说种荷兰豆的土地很讲究，今年种在这里明年就要换地方了，否则就要换土。还有，如果荷兰豆成熟后长期不摘，老了的豆子就可以来年当作种子用。

那些叶子大大、菜梗宽宽白白的就是白菜了。白菜虽然好吃，但却很惹虫子，害得我们要经常捉虫。看到菜叶上的虫眼了吗？真难看！所以我们不太爱种白菜。

那青绿青绿的一片就是葱了。瞧，它们多茂盛呀！别看它们长得像草一样，却是炒菜和煲汤的好佐料。

你们一定不认识紫贝菜吧？它在市场上很少见。它的叶子是紫色的，煮出来的汤也是紫色的，真是名副其实啊！据说它有补血的功效呢。

生菜好吃又不惹虫，所以它是我们菜园子里的“主角”。看到没有？那一片一片的叶子是多么翠绿呀！吃起来想必一定清脆可口咯！

……

我爱我家的菜园子，因为它为我们提供了健康环保的食物。

《孩子》点评：要是每个家庭都有这样一个菜园子，那该多好哦！小朋友们，你们喜欢吗？

（指导老师：项恒鹏。）

我的爸爸

我的爸爸个子高高的，身材很魁梧。方方正正的脸上戴着一副眼镜，总是笑眯眯的，一副慈祥的样子。

爸爸很疼爱我们。只要在家，他就会带我们出去“开餐”，以前我和妈妈在澳洲的时候，爸爸每次去探亲，都会给我们带去许多玩具和食品。他似乎在用这种方式来表达无法长期陪伴我们的歉意。

爸爸非常关心我们。我刚进外校读书的时候，爸爸知道我和同学搞不好关系，急得打电话给老师了解情况，又找我谈心，最后我和同学和好了，爸爸才安下心来。每个周末我回到家，爸爸都会仔细地阅读学生手册上的老师评语，耐心地询问我在学校的各种情况。

虽然爸爸在大多数情况下对我们都是和蔼可亲的，但偶尔也有发脾气的时候。一旦我们不听话，他先是好言相劝，然后，软硬兼施，最后实在没办法，他才会大发雷霆。但我知道其实他都是为了我们好。

爸爸的工作很忙。他管着几家大公司，要经常出差，有时去国外，甚至一个月都见不到他的面。就算在家，也总是早出晚归，早上我们还没醒他就走了，晚上有时到凌晨才回来，所以我们也难得见到他。

但是，我丝毫不会埋怨爸爸，因为我知道没有他的辛勤工作，我会有这么好的学习与生活环境吗？我爱我的爸爸！

《孩子》点评：一位好爸爸，在儿子的眼中充满爱意和敬意！“爸爸”，您真棒！

（指导老师：项恒鹏。）

文化建设

我校学生与奥运志愿者"亲密接触"

——"志愿服务奥运会　微笑绽放水立方"讲座

2008年9月2日晚，我校少先队大队部组织小学四、五年级全体师生聆听了一场主题为《志愿服务奥运会　微笑绽放水立方》的精彩讲座，主讲者是本届奥运会的志愿者——中山大学学生李骞和他的母亲陈阳教授。

讲座伊始，李骞简述了服务于第29届奥运会的广东省志愿者团队的组成、规模、服务项目等相关情况，接着出示了大量来自奥运一线的水立方原创图片，随着图片的切换，李骞系统地讲解了运动员入口处、媒体看台、新闻发布厅、热身池、训练房、颁奖台等功能设施。根据亲身经历，李骞与师生们分享了作为一名奥运志愿者自身应具备的素质和自己服务于奥运会的29天的难忘经历。师生们时时被李骞的志愿者精神与奥运精神所感动，掌声一阵高过一阵。李骞的母亲陈阳教授详细讲述了奥运志愿者的申报过程：本次服务于第29届奥运会的广东省78名志愿者是从两万多名申请人中精心挑选出来的，大部分具备留美、留法、留德等经历，因为志愿者对语言要求非常高，李骞就是因为掌握英语和德语才在众多应征志愿者中脱颖而出的。陈阳教授还分享了自己服务于北京工业大学羽毛球赛场的感受与收获。

现场提问的环节把讲座氛围推向了高潮。在场的1000余名学生的小手都举得高高的，人人争取提问的机会。“李骞哥哥你当志愿者的初衷是什么?”“李骞哥哥当你遇到困难时有没有想到放弃?”“现场听到奏中国国歌时的感想如何?”“有没有与外国观众的难忘经历?”“你见到了哪些国内外领导人与著名运动员?”李骞微笑着逐一回答，并讲了一些难忘的经历。讲座历时1个多小时，李骞最后讲道：“奥运会虽然闭幕了，但奥运精神与志愿者精神仍将在现实生活中不断延续下去”。

“六年级之窗”上演首场秀

2012年9月13日下午，六年级语文备课组的老师用认真评选出的30份暑期优秀特色作业和20份优秀的开学第一课《美在身边》观后感作品，精心地装扮着新学期刚刚建好的“六年级之窗”，这让同学们感到眼前一亮、精神一振、耳目一新。“哇！我的暑假特色作业在‘六年级之窗’展出啦!”六年级（2）班李腾飞、六年级（10）班潘浩钿两位同学兴奋地喊着。“没有完美的人，只有完美的团体。”“美——是一种坚持，当你拥有了一个梦想就应该不断努力，遇到困难时努力克服……”六年级（5）班张蕾、（3）班徐桃子同学在观看完“开学第一课《美在身边》”之后，写下了精彩的观后感。

快乐弯道奔袭

——圣诞狂欢会

唱歌、讲故事、抢答、搞怪……为了得到礼物，孩子们不遗余力，快乐参与，大胆迎战。尖叫声、呐喊声、欢呼声，开怀的大笑声不绝于耳，愉快的空气飘荡在校园的每个角落。2012年12月24日，六年级全体英语教师和409名孩子们在平安夜乐翻了天。

新年的钟声即将敲响，时光的车轮又留下了一道深深的印痕。2012年的圣诞节如期而至，伴随着铃儿声声，红衫皓须的圣诞老人驾着辘辘车为我们送来了平安，冬日的寒冷就这样被欢乐的气氛驱赶得无影无踪。平安夜，我校小学部高英组圣诞狂欢会拉开了序幕，六年级全体同学在教学区渡过了一个与众不同的圣诞节。圣诞节是西方的节日，但作为外校英语学科的传统节日一直深受学生的喜爱。为了丰富六年级孩子们的校园文化生活，促使孩子们通过活动了解西方节日文化，体验圣诞节的神秘与快乐，六年级英语备课组策划并组织了本次活动。

当晚，同学们在装扮一新的教室里和班主任、英语老师一起举行各种精彩的节目，让平安夜显得格外温暖。孩子们在这样一个庆祝活动中获得了不同的快乐情感体验，在欢乐的氛围中享受着快乐的童年，在互相的祝福中感受爱并学会表达爱！

学生活动感受：

六年级（1）班　黄栩琳

你们知道每年的12月24日是什么日子吗？没错，那就是圣诞节的前夜——平安夜。

今年的平安夜以及圣诞节，外校学子是在学校里度过的。也许我们缺少了家人的陪伴，也许没有了盛大的狂欢会，但六年级的学生确实是度过了一个愉快而富有意义的夜晚。

就像是平常的白天一样，大家依旧上课听课，下课嬉闹，可那天的特别之处是，无论在什么时候，同学们的嘴边似乎都带着若有若无的微笑。是啊！一想到晚上的“party”，怎么能不兴奋呢！大家都很期待，一听到“平安夜”三个字，就欣喜不已。

到底是什么如此吸引他们呢？答案是很明显的。晚上，老师为我们讲解了圣诞节的由来以及相关风俗，我们了解到了圣诞节是大多数西方国家重要的节日，在圣诞节期间，他们会和家人一起度过，会以各种形式庆祝和迎接新的一年的到来，其实就像我国的春节一样。讲解完以后，老师为我们播放了一些有关圣诞节的电影。我们班观看的是《圣诞狗狗》，剧情非常精彩，也很温馨。我们班还用班费采购了饮料和比萨，在观看电影的同时，还能吃到东西，同学们都很开心，也感触良多。

有人会说，圣诞节不是西方的节日吗？为什么中国人要过这个节日呢？其实，不论是西方还是东方，我们之所以会参与，都是因为节日带来的是祝福，就算你是美国人，你也可以过春节，同样，即使你是中国人，你也可以过圣诞节！而且，不论是圣诞节，春节还是什么节日，我们求的不只是看电影，吃零食，不用做作业，还有对自己的未来以及新的一年美好的祝愿。在每一个欢乐的节日里，我们参加的各种活动，也是一种祝愿！

在今年的平安夜，我们班度过了一个十分有意义的夜晚！

缤纷寒假　“蛇”我其谁

——寒假特色作业展

“电视屏幕暗一点，节能又护眼。”四年级（1）班张菁恬同学的“寒假特色作业”匠心独具，展出了“最具特色的环保礼物——少用纸巾，重拾手帕，保护森林，低碳生活。随身带个无纺布购物袋，尽量减少使用一次性木筷，一次性牙刷、一次性塑料袋、一次性水杯。随手关灯、开关、拔插头，不坐电梯爬楼梯，洗衣机开强档比开弱档更省电……"

2013年2月25日晚，小学部四年级组"寒假特色作业展"在春晖楼里一亮相，就引得许多同学驻足观看。本次四年级同学的"特色作业展"年味十足，亮点纷呈：四年级（3）班黄弋珈《寒假新体验》图片展时尚又喜庆；钟一畅《春节民俗大体验》中的写春联、各地拜年习俗、春节美食内容较丰富；四年级（4）班劳善渝《欢乐中国年》中中国年的乡土特色；四年级（5）班刘俊霖同学《春节羊城行》，展示了现代化大都市迷人的新年风光；四年级（6）班李芊芊关于春节的诗句喜气盈门，有孟浩然的《田家元日》、有孔尚任的《甲午元旦》、有王安石的《元日》、有来鹄的《除夜》，好一个诗意盎然的新年；四年级（7）班李子贤、肖美曦两位同学全英文的新年贺词，充分体现了外校学子扎实的基本功，让人赞不绝口；四年级（8）班王芷晴《新年习俗》年味十足；四年级（9）班谭皓天《春节大联盟》介绍了春节的来历、春节的活动以及各地风俗；张旸《家乡习俗——出灯》带来了湛江的传统喜庆习俗；四年级（10）班张华盛的《春节三部曲》奏响了春节联欢的三部曲，热闹非凡。

此次活动中，孩子们缤纷多彩的寒假生活在一本本特色作业中尽展欢颜。

板报方寸地　书香远相传

——第二届读书节黑板报专刊

"读书之乐乐无穷，经典之香香无边。"为进一步营造浓郁的书香氛围，鼓舞师生以书籍为友，以读书为乐，养成良好的读书习惯，提高阅读水平和阅读品位，促进校园书香文化建设，使读书活动真正渗透于学生的日常生活中，六年级组师生以"黑板报"为载体，精心为全校师生奉献了一席文化盛宴。

烹制标准：板报主题，鲜明突出；布局合理，错落有序；内容扣题，联系实际；排版合理（长短文章有穿插变化，生动活泼，文字工整清晰，字距、行距适当，字体优美），图文并茂；色彩搭配，和谐鲜明；构思独特，新颖巧妙；整体效果，可视性强。特色加分！

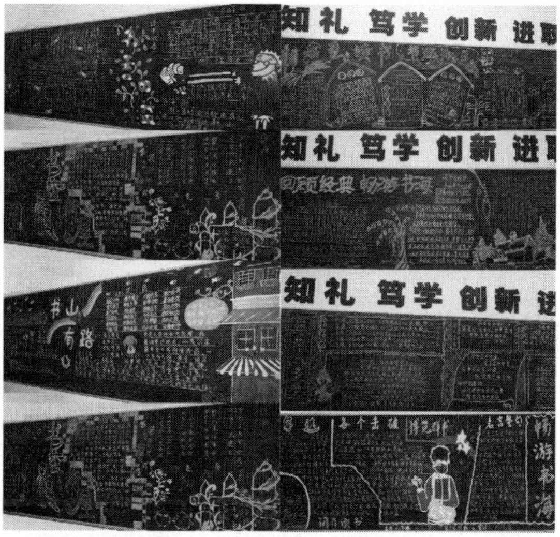

席上佳肴：一班上菜“书海扬帆”，靓汤“圣人名谱”；二班上菜“诗歌擂台”，靓汤“于谦名句”；三班上菜“快乐阅读”，靓汤“世界名著”；四班上菜“回顾经典”，靓汤“读书妙法”；五班上菜“书海拾贝”，靓汤“好书推介”；六班上菜“读书万卷”，靓汤“名人名言”；七班上菜“畅游书海”，靓汤“鲁迅趣闻”；八班上菜“书香四溢”，靓汤“闻一多醉书”；九班上菜“书山有路”，靓汤“成语家园”；十班上菜“书香满屋”，靓汤“三角书床”。

“精心的图案设计和娟秀的文字相互映衬，充分体现了小作者的创新精神和审美情趣。”六年级年级主任陈老师讲道，黑板报是班级文化建设的主阵地之一，它起着营造班级文化氛围，展示班级和学生风采的重要作用。为了营造浓浓的读书氛围，让孩子们在大量的阅读中丰富知识、开阔视野，领悟人生真谛。六年级全体师生精心主办了第二届读书黑板报专刊。活动中，学生不但积累了知识，开阔了眼界，丰富了文化底蕴，而且开拓了创新精神，提高了实践能力，使学生感受到了阅读的快乐，也为学校增添了浓郁的读书氛围。

三十个“56 号教室”集体炫秀

——首届“特色班级”申报活动

2013 年 6 月 15 日至 27 日，为期近两周的小学部首届“特色班级”申报和评审活动精彩上演，来自小学部 30 个班级的 30 位班主任在器乐室、篮球场、小学阶梯教室、小学部荣誉室等场地，分别在不同的时间展示了“雷夫”般的天才与“56 号教室”的特色。小学部主任刘文娟、副主任吴大海，各年级主任全程参与并担任了活动评委。

30 个班级、30 位班主任以各自的优势进行特色申报。其中，二年级（7）班以“温馨教室”为特色，一走进教室就能感受到干净整洁的教室环境。班级布置活泼、温馨，符合低年级学生的特点。标语和提示语简洁明了，学生读起来朗朗上口。教室环境是基本，和谐的生生关系、师生关系是根本。“小小爱心盒”“小手拉小手”都传递着同学之间的友谊，一碗碗汤圆、一颗颗粽子都饱含着教师对学生无私的爱，这就是一个温馨可爱的大家庭。五年级（7)班以“活动”来展示“书香”特色。他们以“能文能武，文武全才”为班级目标，以“书香伴我行，书海任遨游”为口号，每位同学谈起自己看过的书都头头是道，兴味盎然。以幻灯展示的“阅读记录”中，看到同学们的课外阅读的确是有数量、有品位。一个“看关键词，猜书名”的小游戏更让现场达到小高潮。真是“班级书香浓，只此乐芬芳”！五年级（9）班以活动展示班级课间活动特色，只见活动场上，同学们精神抖擞，集体跳大绳，他们串起“8”字形，跳起“S”舞，个个身轻如燕，有如滔滔江水，连绵不断！在 3 分钟时间里他们没有断过一次绳，计数达到了

238 次之多！个人跳小绳时，每个同学都能露一小手，特别是一些同学能跳起花式绳，令人眼花缭乱！真是神采奕奕，“绳”采飞扬！三年级（10)班组织了以转“呼啦圈”为班级特色的大课间活动，这项活动以“学生健康发展”为本，采用“主动探索与积极创造”的方式，让孩子们在“玩”中学，“玩”中想，“玩”中悟。他们自编自创了跪式、单脚跳式、旋转式等多种方式转呼啦圈的方法，不仅使学生在游戏中体会到了如何与他人合作，而且让学生充分展示了自我，并指导同伴学习以及在合作中体验到成功的乐趣。同时营造了一个愉悦、和谐、安全、民主的教学氛围，培养了学生的创新精神。三年级（7）班是一个以乐器为特色的班级，学乐器的有 34 人。首先是 11 个小小钢琴手一一上台献艺，接着是长号、萨克斯、吉他、小提琴、长笛，此起彼落，犹如一个小小的交响乐团。也许演出并不专业，但相信这将是他们童年时代最美好的回忆。四年级（2）班以“写作”为特色，班内举办写作专栏“博我以文”，轮流刊载学生的优秀习作，抓住“文学性思维”是习作的命脉这条主线，每周语文课上都会有“文学思维训练”和“速度大比拼”环节。最具特色的是，经过家委会同意，给每位学生买了一本 200 多页的语言记录本，一直用到六年级毕业。“不动笔墨不读书”“好记性不如烂笔头”，大力倡导学生勤做读书笔记，建立属于自己的语言宝库。灵感就像个精灵，来也匆匆，去也匆匆，稍纵即逝，必须跟踪记录。六年级（7)班的 21 名男生成立了 4 支篮球队，18 名女生中有爱打乒乓球的，也有爱跳绳、踢毽子的，大课间的“课后赛”让同学们每天都能体验到运动的快乐，然后大家怀着快乐的心情继续学习，同样能感受到课堂学习中的乐趣，激发起对学习的兴趣，提高学习效率。

五年级（3）班以丰富多彩的课间活动来展示自己的班级特色。活动场上，同学们个个生龙活虎，足球场上精彩的远射、篮球场上巧妙的配合、绳场上赏心悦目的连跳……有声有色的课间活动展现了孩子们良好的精神风貌。团结友爱、互帮互助是他们的做人原则；学会学习、学会活动是他们的班级特色；遇难不退、遇苦不怕，绝不向困难低头是他们行动的口号。他们谨记老师的教诲，勇往直前，不断朝着自己的目标努力奋进！三年级（6）班本学期申报的特色班级是“呼啦旋风班”，在此次活动中我们共经历了六个阶段，第一阶段：技能指导、运动安全教育；第二阶段：场地安排、自由练习；第三阶段：查缺补漏、帮助后进；第四阶段：发现特色、强化训练；第五阶段：进行呼啦圈集体舞的编排；第六阶段：等候领导和同仁们的检阅和考察。三年级（6）班的学生收获颇多！他们既发挥了本班擅长运动和喜欢运动的特色，也在呼啦圈运动中增强了体质，提高了运动技能，养成了爱运动的良好习惯。同时，在旋转呼啦圈的过程中，同学们收获了更多的友谊和快乐，更好地感受到了外校的校园文化，也促进了班级的友好竞争风貌。个别不爱运动的学生在大家的带动下也能积极地投入到运动中去。五年级（1）班是雏鹰班，即希望每个同学都能在班级中团结向上，做最好的自己。特色是人人有小组，小组自动化，在小组活动中锻炼自己、提升自己。这个学期，每个同学都根据自己的个性和特长，组建成九个小组，这些小组有培养学生管理沟通能力的，有培养学科兴趣的，有锻炼才艺特长的。同学们在各自的小组中相互学习、快乐分享，班级凝聚力和集体荣誉感越来越强。班主任文老师说：“小组活跃才是学生和班级真正的活跃。”

特色是单项冠军，品牌是全能冠军，30 个班级的特色融合起来，就能形成品牌。班级管理形成品牌，才能闻名中外，“56 教室”因此而诞生。

活动感悟

立心于感动的洪炉

——“与圣贤为友　伴经典同行”系列活动之“2007感动中国”

在国学大师季羡林的住处挂着一条横幅，上书：“为天地立心，为生民立命，为往圣继绝学，为万世开太平”。这是多么伟大的理想，多么崇高的精神！为了让学生拥有一颗“具有民族优秀文化底蕴和强烈时代使命感”的中国心，四年级组策划了“与圣贤为友　伴经典同行”系列活动，本期活动又被赋予了更加鲜明的时代特色。

2008年3月16日和23日，连用两个班会的时间，在四年级各班教室观看了“2007感动中国”颁奖晚会。一张张英雄的面孔走进孩子们的视野：中国航天事业奠基人钱学森，为中国制造了催化剂的闵恩泽，散尽家产培养人才的胡鸿烈、钟期荣，壮烈牺牲的飞行员李剑英，舍己救人的年轻军人孟祥斌，用轮椅画出爱心轨迹的李丽，让生命保持在冲锋姿态的方永刚，无私无畏、坚守医德的陈晓兰，侍奉亡妻家人33年的谢延信，用爱唤醒“沉睡”丈夫的罗映珍和“嫦娥一号”研发团队的航天英雄们，他们那一件件感人的事迹震撼着孩子们的心灵。为了让孩子们铭记感动，砺志促行，3月30日班会期间，四年级组又组织了“2007感动中国”观后感写作比赛，下面让我们来聆听孩子们的感动心语。

一诺千金的谢延信

周日，我们在班里观看了《感动中国》，我最喜欢的人物是一位名叫谢延信的老人，因为他一直侍奉亡妻父母33年。现已55岁的谢延信是河南焦作的一名普通工人，他的妻子去世前，嘱咐他要好好照顾自己的父母。此后，谢延信付出了33年的忠贞与孝心。《感动中国》给予他的颁奖词是：当命运的暴风雨袭来时，他横竖不说一句话，生活的重担压在肩膀上，他的头却从没有低下。用33年辛劳，延展爱心，信守承诺。

他原来的名字叫刘延信，因为妻子去世之后，他遵守诺言，照顾岳父母33年，他没有把自己当女婿，而是把自己当成了他们家的儿子，把名字中的"刘"改成了"谢"。

他的岳母说他很懂事，从来都没有和自己生过气。他的脸上每天都带着一种微笑，那是种自信的微笑，我认为他是在以一种自信的心态面对生活，困难摆在面前也决不低头，自信一定能克服所有的困难，如果在困难面前选择了逃避，那就永远不会成功。他很节俭，有高血压都不去药店买药，他听别人说，醋泡黑豆能治血压，所以他就买来了黑豆，天天坚持吃。1979年，他的岳父患重度脑中风，生活的重担全部压在了他的肩上，他却从不低头，每天都帮岳父洗头、洗脸、擦身子，邻居们都说他是一个大好人。

我觉得谢延信非常坚强，因为他遇到困难从不退缩，而是以一种自信的心态去面对所有难题，我要向他学习，遇到困难不能哭，要坚强地去面对。

四年级（1）班　许芳榕

决不向命运低头

2007年是一段过去的回忆，但在这段回忆中，也有感动中国，感动你我的十大人物。我最想告诉大家的人物是——李丽。

为什么要选择她呢？因为，每个人的心灵都不一样。她用自己的心灵唤醒了别人沉睡的心，所以，她是心灵的强者。我还觉得她很坚强、勇敢，因为她的身体虽然残疾，但她不会因为这样去拖累他人，而用她自己的身体去帮助别人、关心别人，这是多么宽广的胸怀呀！

如果一个人的心胸宽广了，就可以容下无数的东西，也可以容下无数的人。如果一个人心胸狭窄，喜欢跟别人斤斤计较，我想她永远也找不到朋友，所以，对每一件事及每一个人我们都要宽容。

四年级（2）班　陈梓珊

壮士一去不复返

风萧萧，江水寒，壮士一去不复返。同样是生命，同样有亲人，他用一次辉煌的陨落，换回另一个生命。别去问值还是不值，生命的价值从来不是用交换体现。他在冰冷的河水中睡去，却给予我们一个温暖的启示。

虽然是一名军人，但他有生命，也有亲人。生命是宝贵的，每个人都会珍惜他，可是，这名军人，为了救这个跳河自杀的妇女，却把生命丢掉。他不珍惜自己的生命吗？不是，因为他是军人。他和这位妇女有关系吗？不，没有。因为他是军人。军人一定要牺牲吗？不，其实他可以不救那位妇女，因为他是军人。军人没有家庭吗？那为什么他却要放弃他们呢？有，因为他是军人！他的名字叫孟祥斌！

孟祥斌，你的精神值得我们学习和颂扬！

四年级（3）班　任梓晴

心中有爱　就有春天

虽然还有一丝寒意，但还是慢慢地迎来了春天。我们坐在教室里观看《2007感动中国十大人物颁奖晚会》，每个同学的心都被这些人感动和温暖着，其中最让我感动的是——李丽。

李丽是一个残疾人，在她一岁时就因患有小儿麻痹症而不幸瘫痪，生活和学习一直非常不容易。有一次她甚至走到桥边，想从桥上跳下去结束自己的生命，但她想起了对自己恩重如山的亲人，因此打消了这个念头。

她学会了坚强、学会了感恩。她去监狱给服刑犯人授课、讲座，与他们一起聊天，书信往来，挽救了一个个畸形的灵魂，她成了许多犯人的心灵支柱，她受到很多犯人的欢迎和信任。

她说她喜欢绿色，因为绿色是春天的颜色，是生命的颜色。她希望用自己的力量带给大家温暖和希望。她也因此从中获得了快乐和幸福！

她曾经说过两句深深震撼我的话：“我是为爱而生，付出爱同时也正在收获爱。”是啊！她用轮椅画出人间最美的那双手，抚摸着犯人们的心灵。还有一句是：“可怕的不是肢体的残疾，而是心灵的残疾。”她的肢体虽然残疾，但她用自己心中的那无形的双手，去扶正着一个个心灵，把自己忘得一干二净，她的心目中只有别人，没有自己。

虽然生命很短暂，但只要你能够利用宝贵的一分一秒来关爱他人，你就会收获满满的幸福。“老吾老，以及人之老；幼吾幼，以及人之幼。”忘记自己，关爱他人，这才是学习李丽的第一步。

四年级（4）班　王贺均

把瞬间化为永恒

又是一年过去了，新的英雄们向我们走来，我们收获的不只是短时间的感动，还有人与人之间永恒的爱。看完《感动中国》颁奖典礼后，我的脑海里有无数个英雄的名字在回荡着。印象最深的还是李剑英，李剑英是一位空军飞行员，他在一次训练任务完成后返程的途中遭遇了鸽群的撞击。在这个时候，他本来可以选择跳伞逃生，但因为地面上分布着七个自然村，如果跳伞后飞机失去控制而坠入村庄的话，后果将不堪设想。因此，他选择了迫降，可是飞机却在跑道上滑行时爆炸了，他不能改变飞机的航向，他只能让自己的生命拐弯。

李剑英那一个个感人的镜头播完后，旁边的同学都已经泪光闪闪，我的心情不知道该怎么形容。因为我一直在回味着给李剑英的颁奖词，它催人泪下，也让我们的心灵有了很大的触动。烟笼大地，声震蓝天。星陨大地，魂归长天，他有 22 年飞行生涯，可命运只给了他 16 秒！他是一名军人，自然会把生命的天平向人民倾斜。

是啊，我们身边有很多为别人默默奉献着的人们，他们有时付出的甚至是生命的代价，他们传递着爱的火炬，他们感动着一代又一代的人。让时光倒流，让时间停止，回忆一下，有多少这样的人，是他们使世界变得温暖，使人间充满真情。想想看，我们曾为多少事骄傲甚至自满，但在这一件件震撼人心的事情面前，再回味咀嚼我们曾经的辉煌，你是否已觉得不值一提？同样是人，同样是生命，一些人可以这样活着，一些人却可以那样活着。就像有句话说的：“有的人活着，但他（她）已经死了，有的人死了，但他（她）还活着。”

四年级（5）班　赵舒悠

人生可以这样精彩

看完《感动中国》人物，印象最深的是一名叫谢延信的叔叔，和他的名字一样，他做了一件坚守了33年的事情。

在灾难来到这个温暖的家庭时，他不是选择离开，而是把心灵和身体都放在这个家里。他的名字叫延信，他的行动也就像他的名字一样，他守信、延信，非常值得我们学习。他为了不让两位老人伤心甚至把自己的姓改成了岳父母的姓，让他们感觉虽然失去了女儿，却又有了一个儿子，他还十分尊敬和尊重岳父母，一直以来从来没想过放弃。他用自己的双手，重新支撑起了这个家庭，让两位老人重新快乐起来。

他的经历让我既有感动，又有思考。他是个守信用的人，我想，我们应该把追逐偶像的感觉放在他的身上，因为它身上有一种许多明星都没有的东西。他虽然是普通人，但他身上有很多闪光点，但又有多少人能够拥有并且被发现呢？这个闪光点虽然隐藏得非常深，但是，只要被发现，就会显得十分耀眼。发现这个闪光点的一定也是十分有智慧的人，那么，这也是一个耀眼的闪光点，如果你也有一双智慧的眼睛，你一定会发现周围的人都有或大或小的闪光点，就让我们来发现这些闪光点吧！

四年级（6）班　朱小琳

我心中的英雄

“风萧萧兮易水寒，壮士一去兮不复返。他用一次辉煌的陨落，挽回另外一个生命。别去问值还是不值，生命的价值从来不是用交换体现。他在冰冷的河水中睡去，给我们一个温暖的启示”。这就是我心中的英雄——孟祥斌的颁奖词。

2007年11月30日，孟祥斌带着妻子和女儿到金华市区购物。在经过通济桥时，一名女子从10多米高的桥上跳下，孟祥斌一边冲向桥边，一边脱掉身上的衣服，急忙跳水救人。10分钟后，前来救援的摩托艇渐渐靠近了他们，孟祥斌用尽最后一丝力气将女子托出水面，交到救援人员的手中，而自己却沉入了水中。

孟祥斌28岁的年轻生命陨落了，从此他和家人阴阳相隔，看到这里我哭了，他用自己的生命救回了一个女子的生命，他那时已经记不起自己有不能下冷水的疾病。有很多人说："你对妻子和女儿不负责，丢下可怜的妻子和三岁的孩子。"可妻子说："作为一个军人，这是他应该做的。"同样有生命，同样有亲人，而他用一次辉煌的陨落，挽回了另外一个生命。孟祥斌——心中的英雄，我们向你致敬。心中的英雄——孟祥斌，我们为你而感动；心中的英雄——孟祥斌，你永远是我们心中的榜样！

四年级（7）班　王欣

把生的希望留给他人

上周日晚上我们观看了《感动中国》，看了以后我非常感动，尤其是因为救落水者而牺牲的孟祥斌叔叔。孟祥斌叔叔是一位军人，2007 年在浙江金华，想为女儿买红靴子，在通过城南一座桥时，一名女青年失足跳入水中。孟祥斌脱下衣服，跳水救人，在零下三度的水中能量消耗特别快，10 分钟后摩托艇飞速过来，他用最后的力气，把女青年推向救生人员，自己却在河里"睡觉"了。看了这则报道，我感动得泪流满面，心中如同大海一样澎湃，久久不能平息，脑中回想着他跳下去时的"咔通"声。可是，时间不能倒流。从此，他的那双运动鞋再也没有人穿；脱下的羊毛衫，谁看见都会感动，任何一个人都会后悔或被打动，后悔摩托艇为什么没能快一点……

"我行，我行！"是他生前的一句话：将女青年推向摩托艇是他做的最后一个动作。将要过年时，他还是洗了一个冷水澡，悄然地离开了人间，天使也将带他到天堂。在感动中国组委会给孟祥斌的颁奖词中。有这样一句话："他在冰冷的河水中睡去，给我们一个温暖的启示。"孟祥斌叔叔虽然在天国，可他的事迹却一直流传下去，也许人们永远也不会忘记这个跳入水中因救人而牺牲的好军人。

四年级（8）班　谢弘昊

孝顺与爱心

星期日晚上，我们观看了 2007《感动中国》十大人物颁奖影片。其中，侍奉亡妻家人 33 年的谢延信，让我万分敬佩和感动。

55 岁的谢延信是河南焦作的一名普通工人。1973 年，刘延信（后改姓为谢）与同村姑娘谢兰娥喜结良缘。第二年7月，谢兰娥去世了，去世前，她嘱咐丈夫要好好照顾自己的爹妈和智障兄弟。此后，刘延信付出了33年的忠贞与孝心，成就了一个大孝至爱、感天动地的孝子的形象。1979年，岳父患重度脑中风，家庭的重担全部压在了谢延信的肩上。谢延信就是这样一条汉子，当命运的暴风雨袭来时，他横竖不说一句话，生活的重担压在肩膀上，他的头却从没有低下！用33年的辛劳，延展爱心，信守承诺。他就像是一匹老马，没有驰骋千里，却一步一步地到达了善良的顶峰。用孝心来照顾好岳父和岳母，他的妻子在生下女儿的40天后去世了。谢延信把自己当成岳父、岳母的亲生儿子，所以，自从妻子去世以后，他把自己的姓改成了岳父的姓。

但在现实生活当中，却有许多不孝顺的人。我曾经看过一个真实的故事，故事里的那个儿子一点也不像谢延信那样信守承诺，这个儿子结了婚，虽然把父亲接到家里和他们一起生活，还说要孝敬父亲，过了一段时间，他和妻子嫌父亲年纪大，经常不小心把装汤的碗打碎。于是给他买了个木碗装少许的饭，让他坐到地板上吃。四岁的女儿闹着也要一个木碗，说等他们老了用。

其实，我们每个人都有孝心。做人一定要有孝心和爱心，这样才是一个善良的有传统美德的人，才能得到别人的赞赏和尊重。

四年级（9）班　刘珏婷

科学泰斗　航天巨臂

“敬业不知老将至，富贵于我如浮云。”在2007年度十大感动中国人物中，钱学森位列首位。钱学森爷爷淡泊名利，潜心科学，是中国航天事业的奠基人，为中华民族傲立于世界科学界作出了卓越的贡献，钱学森爷爷的事迹深深震撼了我。

钱学森爷爷早年留学于国外，本可以享受优越的生活，但是他怀有一颗炙热的爱国之心，并毅然突破重重困难，历经艰难，于1955年回到祖国后，长期担任火箭导弹和航天器研制的技术领导职务。他对新中国火箭、导弹和航天器的研究工作作出了巨大的贡献，对中国火箭导弹和航天事业的迅速发展作出了卓越贡献。在他心里，国为重，家为轻，科学最重，名利最轻。5年归国路，10年“两弹”成。对于开创祖国航天事业，他是先行人，披荆斩棘，把智慧锻造成阶梯，留给后来的攀登者。他是知识的宝藏，是科学的旗帜，是中华民族知识分子的典范。

钱学森爷爷的事迹让我明白，成就一番事业，首先要怀有爱国之心和坚韧不拔的意志，我要向钱学森爷爷学习，从小磨炼意志，抓好学习，为祖国的强盛贡献自己的一份力量。

四年级（10）班　陈颖璇

手拉手喜迎中秋　心连心共赏圆月

——“手拉手　心连心”联谊活动

2012年9月22日上午，小学部六年级18组家庭53人（由六年级家委会胡辉玲女士发起）和赵广军生命热线协会“手牵手学堂”的50余位志愿者，来到韶关市新丰县的沙田中心小学开展“手拉手　心连心”联谊活动，志愿者和六年级18个家庭的孩子们为沙小的师生们带来了大米、油、月饼以及学习用品，两校学生参与了合唱、舞蹈、互动游戏等丰富多彩的联谊节目，在“爱心互动”环节，我校六年级学生与沙小孩子一起创作了一幅巨型图画《同在蓝天下》，把联谊活动推向了高潮。活动后，我校18个家庭的成员和50余位志愿者一起探访了贫困学生，历时15个小时的“手拉手　心连心”活动让同学们感慨良多，获益匪浅。（附学生日记两则）

附：

有书读，有屋子住，就是幸福

——谢汶錡

9月22日，周六，我和六年级36位家长和同学一起乘车到韶关市新丰县的沙田中心小学开展“手拉手”联谊活动。

我们从早上7点开始乘车出发，到了小学已经快12点了，看到小学的第一眼，我们觉得很纳闷：挺漂亮的啊，怎么还需要我们来资助呢？但是，进去后，我惊呆了，看到这所小学的照片墙我了解道，这所小学原来是泥泞不堪，非常破旧的。我们到来之前，已经有许多社会爱心人士捐赠了很多东西，同时，还捐了舞蹈室和音乐室。

他们的桌子椅子是我们使用过的旧的，是志愿者们把它们修好，然后加工处理好的。今天为了迎接我们的到来，他们特意换上了校服。他们的校服其实也是我们穿过的旧校服，经过处理、改样式变成了新校服，他们平时都不舍得穿。我看到那些女孩子跳皮筋，为了不把鞋子跳坏，就赤着脚，把鞋子小心翼翼地放在一旁。

我们还参观了他们的宿舍，老师的宿舍像旧城区里的旧民宅，很旧。学生宿舍的楼道发霉发臭，像工厂宿舍一样。房间里有三张双层床，又旧又生了锈。房间里还在漏水，我感到很不可思议，这种房子怎么住人啊？

到了午饭时间，我们坐到教室里开始吃午饭，只有盒饭和海带汤，盒饭里有青菜和肥肉。我看到那些小学生趴在窗子上望着我们，眼里满是羡慕，我当时觉得很奇怪，这有什么好羡慕的？接着，我恍然大悟。道德模范赵广军叔叔给我们讲道，这所小学建于1940年，是全县一级小学，这些学生平时只吃番薯和土豆。赵叔叔还问我们，我们到学校要走多长时间？我们都说没走过。赵叔叔说，这里有个叫天堂村的村子，那里是最近的，但也要走六个小时。我想起刚刚丢弃的食物，羞愧难当，虽然对我们来说这可能不算什么，但是对他们来说，却是美味佳肴。

随后我们又去了几个贫困学生的家里。有一个爸爸去世妈妈出走的孩子，家里非常困难，只有外婆肯养他。两个80岁的老人带着四个孩子，我们给他们送了大米、月饼和油。我给那个老奶奶递了点钱，老奶奶抓着我的手掉眼泪。还有一个小姑娘，80岁的外婆为了养活她，天天背着菜去卖，还种田，靠低保过日子。还有一个更加不幸的，爸爸去世很久，妈妈精神失常，每天像动物一样绑在屋子里。他只有一个哥哥，比他大一岁，为了供弟弟读书出去打工了。他们还住在木屋里，房子经常漏水。妈妈有一天一把火烧了屋子，他们无家可归，好在很多好心人一起凑钱给他们买了房子，还装修了。现在他们已经住进了新房子。

和他们比起来，我们是多么幸福啊！爸爸妈妈都在身边，有良好的教育和良好的家境。我一定会珍惜这一切，我决心长大以后也要像赵广军叔叔一样，多献爱心，多帮助贫困学生，尽一己之力让他们有书读，有屋子住，过上幸福的生活。

爱心，就是真诚地伸出援助之手

——胡宁怡

星期六早晨7点整，我们六年级的同学来到学校，准备去韶关市扶贫，看望山区的小朋友们。大约12点时，我们来到了韶关市新丰县沙田中心小学，我们要帮助这里的小朋友们。刚到这所学校的时候，大家都觉得这里很漂亮，可是大家都不知道，2008年以前，这里非常破烂，教室里都是破桌子、坏椅子，根本无法正常学习。后来，赵广军叔叔来到了这里，因为看到孩子们的艰苦生活，就集齐了人力、物力来帮助这些贫困儿童。听了这个故事后，我觉得这些人非常友善，不会因为他们贫穷而去嘲笑他们，而是尽自己最大的努力去关爱他们，实现他们的愿望。

离吃午饭还有一段时间，我们先去参观了学校。来到一间宿舍，我看到了几张简陋的双层床，但是被子却叠得整整齐齐的。平时，我们在宿舍叠被子只是为了应付，但我发现，他们是真心喜欢做这些事情，并会尽他们最大的努力去做好。后来，下楼时，我们发现有一间很大的冲凉房，用水泥墙隔出一格一格的。有人说，那些小朋友要到外面打水，再进来洗澡，而且水还是冷的，如果在冬天，那冷得刺骨的水一定会令人生畏的。可他们仍然坚持挺过了一个又一个冬天，我不禁想，到底是什么力量让他们这么顽强呢？随后，我们来到了他们的教学楼。此时从教室外面看进去，已经都是新桌椅和新器材。如果我也是这个小学中的一名学生，一定会感受到温暖和幸福的。

渐渐地，许多小同学从家里来到了学校，跳皮筋、打篮球，看到他们健康、快乐地活动，我也十分高兴。但在吃饭时，赵广军叔叔说："你们别看他们现在在学校很开心很健康，可一两个小番薯就是他们一天的食粮。因为营养不良，跟你们同龄的人比，他们矮半截……"我不禁思考，他们渴望的最基本的东西有时都不能得到，我们那些小烦恼真应该让它烟消云散。

之后，"共赏圆月，喜迎中秋"活动开始了，这个活动就是让我们团结一心，建立友谊。沙田小学的同学为我们合唱了许多歌曲，我们也上去唱歌，但我觉得我们唱得糟糕透了。他们拥有着一颗感恩的心，为大家用心唱着歌曲，而我们却只是应付。后来，我们还送了月饼给他们，有些小孩激动得都哭了。

活动结束后，我们去了几个小朋友的家里。我在前两家都觉得那些小孩子非常可怜，爸爸妈妈都不在家，自己的家又破破烂烂。最后一家的小孩子的妈妈因为精神有问题而放火烧了自己的家，赵广军叔叔知道了这件事后，便不断筹钱，捐助了一间房子给他和他的哥哥。

比起这些可怜的学生，我觉得我们应该珍惜眼前的幸福生活，我们有良好的学习环境，可他们却没有。在这个世界上还有许多贫困的儿童，没有书读，没有房子住，我们应该心连心，真诚地为他们伸出援助之手，让他们过上幸福的生活。

争做文明守纪的阳光少年

——"阳光少年在成长"主题教育活动

谁不希望自己在别人心目中是一个有修养的，一个热爱生活的阳光少年呢？举办六年级主题教育活动"阳光少年在成长"的目的就在于培养同学们形成健康的心态、健全的人格、良好的品行。2009年十月份的活动已评选出30名“守纪少年”，十一月份的活动将评选出30名“学习少年”，十二月份的活动将评选出六年级“阳光少年”——自强自立阳光少年、诚实守信阳光少年、尊老爱幼阳光少年、勤劳节俭阳光少年、助人为乐阳光少年、尽责奉献阳光少年。下面选登的是六年级（1）班曾晓儿同学在表彰会上的发言稿。

争做文明守纪的阳光少年

——六年级“阳光少年在成长”十月份总结会上的演讲

六年级（1）班　　曾晓儿

敬爱的老师，亲爱的同学：

大家早上好！

今天我发言的题目是《争做文明守纪的阳光少年》。

都说一滴露水可以折射出五彩的阳光，一片绿叶可以传递春天的气息。一句不经意的话语，一个小小的举动，可以反映出一个人的品格和修养，甚至是一个民族的文明素质。

做一个文明守纪的学生，就应该有内涵，口出脏话、行为怪异都不是我们外校学生应有的。我们应该从“心”做起，拥有一颗理智的心，拥有一颗质朴的心，拥有一颗健康的心，对于同学们而言，这是多么重要！

做一个文明守纪的学生，就应当接受正确的指导，沉迷于网络和电子游戏并非潇洒成熟的表现。我们不能去追求所谓的时尚，我们能做的，就是从书本上汲取知识的琼浆，以此来充实自己的大脑。这个世界上有太多的“该”或“不该”，我们单纯的双眼分辨不清，我们稚嫩的双肩也承担不起，所以应竭尽所能地接受正确的教育，远离社会上一些不良的习气。

做一个文明守纪的学生，还应当学会拒绝。拒绝欺负弱小，因为我们需要做的是对他人的关爱；拒绝顶撞老师，因为我们需要的是对他们的尊重；拒绝迟到或逃课，考试作弊，上课不听讲甚至干扰其他人听课的违纪现象只能伤害我们自己，因为我们需要的是对自己负责。心灵是我们行为的源泉，心灵美才会有行为美。只要我们将文明守纪的理念真正镌刻在心灵上，相信我们的一切将随之变得美好，并将由此而美化我们的校园。

对于我们少先队员来讲，守纪是路上相遇时的微笑，是同学有难时的热情帮助，是平时与人相处时的亲切，是见到师长时的问好，是不小心撞到对方时的一声“对不起”，是自觉将垃圾放入垃圾箱的举动，是看到有人随地吐痰时的主动制止……守纪是一种品质，守纪是一种修养，守纪是一种受人尊敬并被大家广泛推崇的行为。

我们一定要自觉养成良好的习惯，树立和保持良好的形象。要注意自己的仪容仪表；要注意自己的语言文明，多说文明礼貌用语，不说脏话粗话；要注意自己的行为举止，同时还要注意自己身边的细节。做班级清洁时不要把垃圾扫到走廊上；不要在卫生间的门后糊涂乱画；用完卫生间要记得冲厕所和洗手，并且要注意节约用水；不应把纸张从窗户上扔出去；看完的书本要整齐地归还到图书角而不是随意扔弃；上课铃响后，要端正地坐好，静静地等待老师上课；课堂上积极动脑，认真做作业，做完作业要把课桌收拾干净；上校车时要排队，主动给低年级学生让座等。从小养成这些良好的习惯，我们就能架起走向成功的阶梯，找到打开胜利之门的钥匙。

同学们，著名学者梁启超曾经说过：“少年强则国强，少年富则国富。”让我们牢记“勿以恶小而为之，勿以善小而不为”的古训，铭记年级主题教育活动“阳光少年在成长”的倡议，坚持从自我做起，从现在做起，从小事做起，关注自己的一言一行，关注身边的每一位同学，关注脚下的每一片绿地……说文明话，做文明事，当文明人，做一名真正的文明守纪的阳光少年！

纤纤“细腰”偎寒云　煌煌“粤光”映素秋

——六年级秋游活动

岭南的九月，没有北方的霜天斑斓之美，反而处处如夏日般万木葱茏，少了“秋色”的秋天，恐怕只能算作“素秋”了，但这丝毫影响不了孩子们秋游的热情。“秋游啦！秋游啦！”“‘小蛮腰’，我们来啦！”“‘月光宝盒’，我们来啦！”同学们兴奋地喊着。2012 年 10 月 18 日，小学六年级组织“广州塔＋省博物馆”秋游活动，同学们登上“小蛮腰”赏白云，步入“月光宝盒”看“粤”光，兴奋之至，若脱笼之兔！现将部分同学的秋游感言摘录一二。

在一个硕果累累的季节里，迎来了我们大家在一起的最后一次秋游。这次秋游，我领略到了工程师们的智慧和世界各地各物种的稀奇。“小蛮腰”那富有曲线感的“身材”真的就好似少女那苗条的身材，让人看了叹为观止。我觉得最好玩儿的莫过于和几个好朋友在广东省博物馆里抄笔记了，虽然很累、很辛苦，但是这样真的使我们学到了很多，我们乐在其中。或许在别人的眼里很疯狂，但是却使我受益终生。

——六年级（1）班　杨雅雯

10 月 18 日，是今年我们六年级同学秋游的日子，也是我期盼了整整一年的日子。早晨，在一段广播响起时，大家不约而同地从床上跳起来，个个脸上都兴奋地笑着——秋游啦！上车后大家都拆开了喜欢的零食。就在我们吃零食的时候，车开了，大家很激动，互相讨论着。任何人，任何事都掩盖不住我们此刻激动的心情。过了一会儿，我们到达第一个目的地——广州塔，大家在里面玩儿得热火朝天。之后我们到了大堂吃午饭，伙食还不错。接着我们去了省博物馆，那里很高雅，我们逛了好久才参观了几个展馆。不过，从导游哥哥的口里，我们也了解了很多！总之那天我们都很开心！

——六年级（2）班　庄可心

在一个清爽的早晨，六年级的同学以及老师向广州塔出发了。虽然这次旅途中没有四、五年级时的热闹氛围，但是同学们还是难以掩饰心中的激动，纷纷绽开了灿烂的笑容。我们很快就来到了繁华的珠江新城，啊！如巨人般直插云天的广州塔屹立在我们面前。大家发出阵阵惊叹声后，不是举起相机拍照，就是迫不及待地进入塔内。乘坐80秒的观光电梯后，我们到达了广州塔的107、108层。放眼望去，整个广州城尽收眼底：看！那边是船型的海心沙，她平静地躺卧在珠江中央；瞧！那是富有艺术性的广州歌剧院，我仿佛看到了优美的舞蹈，听见了嘹亮的歌声；望！那条象征着广州的中轴线如此笔直，我看到了广州的过去和未来；感叹！广州的母亲河——珠江在缓缓流动，蜿蜒而静谧……离开了广州塔，我们又去了广东省博物馆。我最惊叹的是那神奇的深海生物，那五彩斑斓、奇形怪状的样子是如此特别，一样样都吸引着我们的眼球，真是令人难以忘怀。很快，这快乐的一天就匆匆结束了。

——六年级（3）班　廖敏宽

在游览博物馆的过程中，我对端砚展厅里的千金猴王十分感兴趣。这个砚是省博物馆的镇馆之宝，因为很多人不知道，对砚也不感兴趣，因此，看的人十分稀少。而我和李兆基还有刘源在一起细细观察，这砚完成于清代的光绪年间，材质是老坑大西洞石，砚堂中有大片鱼脑冻，有一只类似猴的东西，侧蹲四首，栩栩如生。砚上因材施艺，将砚面及砚背巧妙设计为花果山、水帘洞的意境，砚右侧铭文：千金猴王砚。光绪壬辰年，禺山秩闲叟收藏。砚左侧铭文：郭兰祥（也是肇庆制砚世家传人）做砚，而向培南（也是广州雕刻的工匠）刻字。这砚十分精美，造工精细，十分好看。我们三个人看了这千金猴王砚——广东省博物馆的镇馆之宝好久好久，才依依不舍地离去。

——六年级（4）班　邹洺昊

今天我去了广州塔和广东省博物馆，这两个地方我都从未去过，所以，我满怀着激动、开心、兴奋的心情来到了海心沙。

首先我们去了广州塔，我们上了108层，当电梯缓缓上升时，我的耳朵感到了阵阵瘙痒，但是过一会儿就好了。我们走到了观景区，感觉有点像飞起来那样，脚踩的是玻璃，手触摸的也是玻璃，十分刺激。午饭过后，我们来到了广东省博物馆，看到了漂亮的恐龙化石，美丽的植物标本，精致的历史文物，令人赏心悦目的笔画，看完了许多展馆后，我们的脚累了，休息了一会儿后，就快要排队了。今天真是开心，很充实的一天！

——六年级（5）班　张蕾

在广州塔俯视岭南美景是我一直憧憬的事情。我觉得我若可以像一只孤傲的雄鹰自由飞翔在湛蓝的天空，那一定是件很惬意的事情，而一个360度都是透明的照相平台给了我这种体验的机会，我往下一看，自己仿佛正在百米高空急速下降，令人头晕目眩。我好奇地跳了一跳，玻璃层只是在微微震动。后来看了介绍以后才知道，这是由好几层玻璃组成的，即便中间破碎一层也不会有大碍。在我到广州塔之前，就听说过一些有趣的地方，如旋转餐厅、摩天轮、跳楼机等。可惜此次不曾前去，若有幸再来，必会一观。我们还参观了广东省博物馆，我在这儿看到了岭南文化，体会到了它的精髓。我走过古生物馆、自然展厅、海洋馆……这些地方都让我们对广东有所了解。我为岭南文化自豪，也为自己是个中国人而自豪！

——六年级（6）班　韦芷盈

在这个秋高气爽的星期四，我们六年级全体同学一起去秋游。广州塔和省博物馆是我们秋游的目的地。我们首先要去108层再往下走，在108层我们看到了广州的美景，每个人都拿着相机在拍照，当然，也包括我。拍完之后，下到107层，买了一些纪念品来纪念这次旅程。在广州塔啤酒屋吃完饭后，我们启程到了省博物馆，在省博物馆里，我了解到了一些历史上的重大事件，一些名人故事，一些宝石的特征和一些关于动物的常识。在这里，每一样东西都让我大开眼界！秋游在欢笑声中结束了！这是小学部最后一次秋游，我一定会好好保存这段美好的记忆的！

——六年级（7）班　叶佩珊

秋天是个美好的季节，我们趁着大好秋光，见证了广州塔的奥秘和省博物馆的神奇。10月18日，我们带着激动、兴奋的心情，乘着车到达了广州的新地标——广州塔。我们首先到达了107层，俯瞰了广州市的美好风光，还去了悬空的玻璃平台。一开始，大家都有点恐惧，但我们团结一致，恐惧感便纷纷溜走，真刺激！吃完午饭，我们来到了著名的“月光宝盒”——省博物馆。最喜欢的就是历史和海洋这两个展馆里那栩栩如生的标本，让我们十分惊喜，博物馆的展品可真丰富呀！我真希望能在那儿多待一会儿呀！这次秋游可真好玩儿！

——六年级（8）班　连可茵

这次的秋游让我真正地体验到了从高处向下俯视的刺激以及探索海底4000米世界的穿越之旅，还满足了我对知识的渴求。广州塔是广州的新地标，世界第二高的电视塔，2012年的亚运会展现了广州塔的壮观和雄伟。这次，我们对它有了更深的了解，在107层和108层，我们进行了参观和拍照，观赏了广州市的全景，我还买了新电视塔和旧电视塔的纪念徽章。此外，我们还去了广东省博物馆。每个展厅都别具一格，收藏的物品更是应有尽有，宝石、陶瓷、木雕、书画、标本……目不暇接，“深海奇珍”这个展馆给我印象较深刻，里面有深海4000米处的生物标本，有海天使、长身短吻狮子鱼、烟灰蛸……以前都没有见过！这次秋游让我触摸到了科学的新天地。

——六年级（9）班　苏颖雪

10月18日，我们去了广州塔和广东省博物馆。我最欣赏的是广州塔那巧妙的建筑设计——“典型钢结构”广州塔整个塔身是镂空的钢结构框架，24根钢柱自下而上呈逆时针扭转，每个构件截面都在变化。钢结构外框筒的立柱、横梁和斜撑都处于三位倾斜状态，从结构上讲，它没有形成一个稳定结构的几何体，仅钢结构外框就有1104根钢柱不一样。“倾斜方式”塔体主要由钢管混凝土立柱、钢环撑、斜支撑、混凝土核心筒及钢性楼面系统组成，结构平面为“椭圆”形，整个塔体以“倾斜”的方式构成。整个工程钢结构重量逾5万吨。广东省博物馆也很好玩儿，我看了“广州历史文化展”“广东省自然资源展”“土火之艺——馆藏历代陶瓷展览”“紫石凝英——端砚艺术展览”和“漆木精华——潮州木雕艺术展览”……总之，今天很开心！

——六年级（10）班　江韵儿

前周一盆土　今朝数枝春

——“我和春天有个约会”种植日记选登

“碧”迟早是要高过姚明的！

（沈洋）

上周，我亲手播下了几棵绿豆种子，并给它取了个名字叫作“碧”。今天，“碧”差不多有半根铅笔那么高了，它长出了绿绿的叶子，就像一排排绿色的大风车，每天早上我都要给“碧”浇水，“碧”越长越高，每天我都迫不及待地来看它，希望它能早日变成小树！这个星期五放学的时候，我迫不及待地赶回家，看看我的小绿豆“碧”有没有长高，我来到花盆前，拿了把尺子量量，呀！长到了20厘米了！已经可以爬上我的小竹子了，我相信，“碧”迟早是要高过姚明的！

石莲，加油哦

（李炜萱）

上个星期，我把一棵植物栽进了土里。妈妈告诉我，因为长得像池里的莲花，所以叫它为石莲，我对此很感兴趣，于是就折了一小段开始种植。这个星期五回家，我一进门就迫不及待地去看我那亲爱的“小宝贝”。表面看起来好像没什么变化，但我一量，比上次高了一厘米多。这个发现使我非常高兴，我赶紧拿来装满水的水壶，帮它浇水，然后，我又用手轻轻地松土。美丽的小石莲啊，快快长大吧！这样，我才能一睹你的风采呀！这个星期回家，我发现石莲好像还是那样，没有长大，我有点失望。听妈妈说，石莲一般长得都比较慢，但它的生长期很长，一定要有耐心。听完这些话后，我恍然大悟，原来如此呀！加油哦！

一边脸儿阳，一边脸儿阴

（蔡梓滔）

上一次写的时候忘记说我种了两样东西：黄豆和辣椒，前天，我回家看见我的黄豆已经发芽了。我比发现新大陆还高兴，比发现外星生物还高兴。不行了，我要有“心脏病”了！黄豆芽，你快长大吧！

辣椒，我已经等了两周了。唉！你怎么就是不长啊！刚高兴了一会儿，我的脸顿时拉了下来。我求求你快长吧，辣椒你长吧，快快长吧。

草莓和向日葵

（黄寅麒）

这周星期五，我一回到家，放下书包就跑到阳台去，想看看我种的草莓和向日葵长出来没有，结果让我大失所望，竟然一棵也没长出来，气死我了。上个星期没长，我真想把它扔下去，把它摔得粉身碎骨，再踩它几脚。当我第二天再来看时，“哎”，我眼前一亮，想不到这“小家伙”见我昨天生气，今天竟然有两棵发芽了，是向日葵。可是草莓为什么没长？这我也不知道。但是星期六已经有两棵长出来了，还是让我感到很开心。

这点风雨算什么

（杨睿）

三个星期前，年级举办了“我和春天有个约会”的活动，让我们回家去播下生命的种子。星期五我回到家种下了辣椒种子，本来养得好好的，却让一场暴风雨淋到了，后来好不容易救活了。结果，上天又下了一场大暴雨，辣椒种子就枯死了。这个星期回到了家，我重新播下了种子，希望上天不要再下暴风雨了。我淋了水，就放在那里，第二天，不见有什么变化。我查了一下，发现这种子，也就是绿豆，长得很快，我想下个星期回家它就会发芽了。眼看着这棵小绿豆的成长，我想：其实每个物体都有它的生命，我们要爱护身边的一草一木，包括一块石头。

耗子大侠惹的祸

（彭程）

今天是周五，我回到了家里，一放下书包就跑到阳台去看我的小苗，可是它只冒出了个头。如果加了保护套它就不会被那些该死的虫子吃掉了，所以我就用个套子把它套住。为了任务完成得更好一些，我又种了一些绿豆种子，第二天，我又过去看，万万没想到“耗子大侠”又来光顾我家了。花盆里一片狼藉，“连根带豆”都被吃掉了。

祈祷、祈祷、再祈祷！

（李阳）

经过几周的精心培育，我的努力终于得到了回报。我种植的两棵植物已经茁壮成长，豆角长了几厘米，大约20多厘米高，长了七八片叶子。叶子很大，约有17厘米。稻苗也不甘示弱，争先恐后地吸收营养，茁壮地成长。虽然比豆角晚播种一个多星期，但是它生长的热情不比豆角差。一分努力总有一分收获，稻苗也比普通的高1至3毫米，达到了12厘米高，约有四五片叶子了！我也觉得很高兴，因为我的耕耘有了丰富的收获，我也懂得了一个道理：只有努力才有收获，没有努力就没有硕果。祈祷、祈祷、再祈祷，祝愿我种的稻苗与豆角能在新的日子里快快长大、茁壮成长，在以后的日子里不怕风雨，健康、快乐地成长吧！到了丰收的季节里，为自己增添一份光彩，到时候，就可以看到你硕果累累的样子了！

我被风儿撞了一下腰

（潘威豪）

“哈！我的苗活了。”我高兴地大喊。这一周，我都非常担心，我想我的苗一定是死掉了。可是今天回家后，种子还活着，真是死里逃生，命大福大。你们一定会说为什么我会认为种子死掉了呢？让我来告诉你吧。上个星期天快要走的时候，我把盆子放在假山上，被风吹掉了下来，已经差不多奄奄一息了，那场面真是惨不忍睹。我们只好把它重新插回泥土里去。它们不知道有多么脆弱，腰都是弯的。可是这一周，它们非常精神，昂首挺胸，绿叶又冒了出来，很多都高过盆子了。植物的生命力真的很顽强，我们应该学习它们风雨无阻，百折不挠的精神。我也体会到了种植物的时候不能太粗心，必须小心点的道理。

小强，你就是我心目中的宝贝

（李旭峰）

这个星期，我很高兴，又很惊奇，我的小苗已经长到10厘米高了。我来到阳台，发现它长出了一点点花苞。花苞是红的，树叶、树根都是绿的，上面还长出了一点点刺。它就像杨树一样，总是那么直，那么坚强，不软弱，也不动摇。就在星期天的中午，它已经长出了花苞，花苞在慢慢地开放，犹如新生命般，是那么美丽，那么可爱。我看得很痴迷，我看到它总是那么刚强，所以将它取名为小强。现在，它就是我心目中的宝贝。

不经一事，不长一智

（杨睿）

这个星期回家，我来到了绿豆小芽所在的阳台。一看，一个绿绿的小芽已经冒头了！种了一个星期，小芽已经有1.2厘米高了，总算没有像上次那样被雨水浇到。我高兴极了，拿着盆子看来看去，突然，我发现在两片小芽中间裂了一道缝。出了什么事吧？没有！是缝隙里长出了一片一毫米长的小嫩叶，从那天开始，也就是在星期六，不管什么时候我都会去看看小苗。经过上次辣椒被雨水泡死的事情后，我就对种植更有经验了。我现在要把绿豆养好，让它长出更多的叶子来，让它慢慢地培育出更多的绿豆来！这次“我和春天有个约会”的活动给了我很大的启发，让我知道生命是旺盛的！同时，这次有趣的活动也让我提高了种植能力。我喜欢这次活动！

“闪”与“胃”

（冯浩原）

啊！种子“闪”也长得太快了吧！想不到，仅仅两周，它就长出了10片叶子，太厉害了！我真是想不到啊！“闪”和它的名字一样，像闪电似的快速长高，而且非常健康。它也太有才了！它长大的速度比我还要快。“胃”也一样，它每天都要喝很多水，想不到一粒小小的绿豆长大的速度这么快，真强！我还会像以前一样认真地照顾好它们，每天都给它们浇水，让它们晒太阳，让它们长得更快、更高、更健康。

“种子三号”的“小不点儿”

（洪博）

这周，我的植物又长高了。最长的叶子大概有6分米左右了，这颗种子是我在三年级秋游时买的，它有一个孩子，叫“种子三号”。“种子三号”在上学期又生了“小不点儿”，现在，我的“小不点儿”已经有6分米左右高了。“小不点儿”的叶子是草绿色的，呈交叉状，我的种子既不会结果，也不会开花。每周回家，我都会给它浇水、施肥，让它茁壮成长。在这个春意盎然的季节里，我感受着成长的快乐与生命的奇妙。

除虫记

（张诗佩）

我一回到家，就不管三七二十一地跑到阳台看我种的萝卜。哇！它已经长得好大了！爸爸说，我的萝卜苗长出了真正的叶子了，以前看到的那片像心形的叶子是没用的。我真的好开心！可是，当我浇水的时候，突然看见了一条像蜈蚣似的虫子，它好像想吃我的萝卜苗。这可怎么办呢？爸爸一看，跟我说："种植哪儿会没虫呢？不用理它！"但我怕它会死，马上用铲子把虫子都挑了出来。一不小心，我铲掉了一棵最小的萝卜苗，都怪我粗心，现在只剩下五棵苗儿了！我一定要好好地培育它们！

教 师 篇

一群品质优秀和技能精湛的教师为学生和学校带来了空前的发展。他们来自五湖四海，相互交流、相互关心，但他们拒绝任人摆布，他们是一群热爱自己的工作的人，是“起教育作用的公民”。这些教师在学校中所扮演的角色，是向导、教练、观察者、推动者。

常规学校只为分数和成绩担待责任，而不为性格发展负责。广外外校教师服务的对象就是这些从常规学校逃出来的“难民”和那些从小学起就在外校的“散养体系”里长大的孩子们，我们的教师坚持让每个孩子都享有个性化的、圆满的教育权利。校内外众多的兴趣课程和社团活动，吸引着学生遵从自己的个性成长，把自己培养成自主的、喜悦的、可持续发展的完整的人。

将工作经验整合到学校的学习经历中，精心是态度，精细是过程、精品是结果，广外的教师感到自己很富有，乐此不疲。真正的终身学习者不会依靠外在的奖励而激发学习热情，更多的是依赖内在的动力。教师应将自己看作一名终身的学习者，看作是广外外校这个小社会中的一名小学生，用自己的言行精准地阐释师生之间的关系。在一个由学习者组成的真正环境中，每一个人都是学习者，这让许多新教师在感叹之余人人不敢懈怠，因此，教师的工作永远都是努力做得更好，从优秀走向卓越，绝不是得过且过。

魅力修炼

树教研特色　为生命奠基

——新学期第一次教研会

2006年9月12日下午，小学部低语组新学期第一次教研会在低教楼一楼音乐教室召开。低语组26位教师（包括新招聘到岗的5位教师）全体到会，小学部教学处主任叶和丽老师也应邀参加了会议。会议紧紧围绕上学期低语组教研工作总结和本学期低语组教研工作计划两个中心议题展开。教研组长吴孟琳老师认真地总结了上学期低语组教研工作取得的“三高、两最、一心”的成绩，（即学生打分最高、教研组计划得分最高、教师出勤得分最高；教科研成果进步最大、校内教科研劲头最猛；低语组团队干工作始终是一条心。）客观地指出了今后应该努力的四个方向：一是课堂教学的质量须持续提升，二是教案检查抽查的力度还须加强，三是科组活动须发掘学生的潜能，四是教研工作须凸显学生的学科特长。当谈到新学期低语组教研工作计划时，与会老师发言都较积极，新老师们也介绍了自己对教研活动的新见解。教研组长吴孟琳老师详细地解读了本学期低语组教研工作的“四大工程”：一是围绕“轻负荷、高质量”的教学特色落实低语组常规教学的研究工程；二是构筑平台，加速本组教师专业化工程；三是强化学科特色，做好活动育人工程；四是调动工作热情，夯实科组建设工程。会上，小学教学处主任叶和丽作了随机讲话，肯定了低语组古诗词诵读的教研特色，指出了教研特色需要坚持的问题与特色活动展示过程中如何突出语文学科的特点等问题，让教研工作切实为提高教育教学质量助力，为学生终生发展负责，为学生的生命奠基。

悄然兴起的《论语》热

——《论语》沙龙活动

“道不远人，让我们在圣贤的光芒下学习成长。”于丹老师如是说。

2007年10月15日下午，小学部四年级组的班主任齐聚在外校新图书馆六楼，开展了一次别开生面的教师读《论语》沙龙活动——

陈其升：很小的时候就知道了《论语》，中学时代接触孔子的名言就开始多了起来，但真正作为专题来探讨，今天是准备最充分的一次，记得“学术超女”于丹发表过这样的观点：“对《论语》的情感，一向是‘敬’而不‘畏’。”我也有同感，仁者见仁，智者见者，经典的价值并不在于令人敬畏到顶礼膜拜，而恰恰在于它的包容性。古有“半部《论语》治天下”之说，而我宁说“半部《论语》修自身”，把《论语》视为一眼勤于修身的“问病泉”。

陈庆胜：《论语》是每个人心中有而口中无的简单真理，首先要从时代背景去透析，既要看到精华的部分，也要看到《论语》的时代性，采取“扬弃”的态度来读。孔子的求学、交友、为人以及孔子的教育思想至今仍熠熠生辉，值得我们好好研读。

曾秋莲：我很同意陈老师的观点，“君子和而不同，小人同而不和。”（君子讲究协调而保持自己独立的见解，小人没有自己独立的见解而不讲究协调）这些经典的名言如何让学生去理解，还有待商讨。

项恒鹏：“不求甚解”是小学生阅读经典的方法之一，要有“用童年的时间记忆，用一生的时间理解”的读经理念，毕竟小学阶段孩子们的记忆力具有较大的优势，理解能力也会随着年龄的增长和自身阅历的丰富不断地提高。

孙国华：以“与圣贤为友　伴经典同行”来为级组活动定名，太不谦虚了，改为“拜圣贤为师”可能更贴切些。

鲁亚利：“志同道合”为友，“与圣贤为友”只是表明我们有向圣贤学习的志向与行动，不是强调与圣贤比肩，倒是相关的班会难以设计。

李艳萍：“半部《论语》治天下”，把《论语》太神化了。

项恒鹏：宋代开国宰相赵普说这句话的初衷，可能是为了标榜自己治国的实践经验较丰富，死书读得少，活书读得多。

余贵先：《四书小品》也是一本很好的书，对后人的为学和做人都有深远的影响，很值得一读。

……

沙龙上还讨论了年级组“与圣贤为友　伴经典同行”学习中华民族优秀文化活动教育方案，针对“重积累还是重内化学生行为”“圣贤与经典范围的圈定”“活动时如何操作与活动结尾如何展示”等议题展开了热烈的讨论。小学部德育主任刘文娟老师参加了沙龙活动并提出了宝贵的建议：对于年级组层面的活动，在策划时要充分考虑到怎样落实到学生言行之中，要让学生在为人、为学等方面切实受益。

脑尖上的公开课

——学校优质公开课纪实

一般情况下，“削尖脑袋”这个词是用来形容一个人伪装、粉饰、拼命钻营的态度，本文在一定程度上是“贬词褒用”。可以说广外外校的老师上公开课都是“削尖脑袋”来上的，大有“倾其所学，毕其功于一役”

的气势。

刚来广外时，就被学校的竞争氛围感染了。因为广外外校的铁律是只要是一线教师，每学期都要上公开课，不得推托。我第一次在广外上的公开课当然是“应聘课”。应聘课分为“讲课”和“说课”两部分，因为是在“五一”长假期间，讲台下坐着五位评委老师，要求把老师当作学生来讲。“窗前明月光，疑是地上霜。我是项恒鹏，不是郭德纲。我来自……”隐约记得，是这种开场白、是这样的自我介绍，把几位评委老师逗笑了，我被录取了！我简直不敢相信这是真的。

入职后，新教师汇报课上，我发挥自己“作文课程”积累的优势，讲了一节兴趣作文课，我把“文学性”思维、生活空间、知识空间、想象空间的概念引入课堂。当时徐校长听完课后，很高兴地对我说，你把“兴趣作文”当作一个课题来研究，力争出一些成果与大家分享。教完三年级后，我开始了高语组的任教历程。

入校以来，我共上了三十余节公开课，其中有两次让我记忆犹新。一次是上习作评研课，针对考场作文学生审题不准、思维不开、内容空洞、语言苍白、取材不当、文体不明等现象，我设计并主讲了一节习作评研课，并原创了“冰山理论——审题”“气球理论——构思”“手掌理论——行文”“彩虹理论——描写”“镜子理论——修改”等五个原创理论，原创课获得好评，当时心里既轻松又愉快。

还有一次，来到广州江夏小学送课。江夏小学的老师们在微博上的即时评课几乎与我的上课是同步的，溢美之词，不胜言表。

广外语文组这个团队里实在是藏龙卧虎，人人都有一套“真经”。黄燕老师的课精致、万瑞老师的课硬朗、叶立坤老师的课厚重、贾金女老师的课生动、陈庆胜老师的课清淡、王鑫老师的课活泼、岳虹老师的课严谨、曾秋莲老师的课细腻、彭飞跃老师的课大气、吴孟琳老师的课素雅、傅丽丽老师的课灵动、鲁亚利老师的课豪情、徐长辉老师的课简约、肖红海老师的课扎实、杨文霞老师的课自然、衷颖老师的课亲切、熊年香老师的课丰富、杨洁老师的课醇厚。叶和丽老师是“首席教师”，是学校教育教学改革的风向标，现在是校领导，也是教育教学改革的掌舵人。从“自育课题”到“有效课堂、高效课堂”到“生成、生本”到“四有课堂”，小学部课堂理念的几次重大变革，都是叶老师引领的。

余贵先老夫子很有派头！每次公开课的课件都是老师们争相收藏的珍品，几乎达到了唯美的境界，这大概与其深厚的书法底蕴有关系。他讲的《乡下人家》一课给我印象最深：余老夫子极像文中的那只大公鸡，大踏着方步、形神兼备、惟妙惟肖！

涂志强老师谦虚豁达、道骨仙风，他上的公开课给我印象最深的是《各具特色的民居》，客家民居、傣家竹楼的特点娓娓道来，如在眼前，触手可及。杨少华夫子不善饮酒，但他上的《让名著的人物走上舞台》一课酒香四溢：《草船借箭》的压惊酒、《渑池之会》的外交酒、《负荆请罪》的谅解酒、《武松打虎》的豪侠酒，馨香馥郁、醉仁醉智，名著中的人物就这样栩栩如生地登场了，令人回味无穷！

中学部有“两绝”——扈永进老师的讲座、徐华宁老师讲的课。2012年12月29日，第一届全国现代课堂广州白云博览会在我校举行。课博会展示了来自全国21个省市53所课改先进学校包括小学、初中、高中在内的语文、数学、英语、物理等学科共90节公开课。我校徐华宁老师倾情献课《春江花月夜》并获得第一名的好成绩。

课品如人品。课博会上，檀廷国老师上的科学公开课至今仍意犹未尽！那天，广外外校的教室里、走廊上，人山人海、摩肩接踵。檀老师开课了，“啪”的一声响，教室里所有人的心脏都差点跳了出来，异口同声地尖叫一声。只见一秒钟内，一个大的塑料可乐瓶沿铁丝从教室东南角斜飞至教室西北角。“为什么瓶子往那边飞去，谁能解释？”瞬间，学生们都炸开了锅，七嘴八舌地议论开了，听课的老师也情不自禁地嘀咕着。“提出问题”后，檀老师不失时机地引导学生们进行“小组合作”，活动有三：活动一，“我这里有个气球，现在把它吹起来，一松手，会怎样？大家试一试。”活动二，“玩喷水船，把看到的情形画出来。”活动三，“还有一个更有意思的实验：四人一组，请其中一个同学把水槽里的筷子提起来，大家认真观察，看看有什么现象发生。把看到的情形画出来，说说你画的是什么意思。”在学生获得充分的感性认知的前提下，檀老师顺势引导，引领学生抽象概括，得出结论：“我们一共做了四次实验，在这些实验中，我们看到的实验现象有什么相同的地方？”“物体里有气体、液体向外喷出，物体会向相反的方向运动，我们把这种现象叫做反冲现象。”在“拓展延伸”环节，檀老师把学生从课室带到了课外，“我这里也有一个‘火箭’，猜一猜，它能飞多高？我们到田径场去试一试好不好？”又是“啪”的一响，火箭冲向了天空，又是一阵惊叹。课堂有三个境界：飘过、走过、犁过。我认为这就是第三种境界，观看檀老师上课，犹如观公孙大娘舞剑、张旭书狂草，得意又忘形。

总之，公开课的要旨在于提供一个舞台，让教师发现自己，形成教师自己的成熟风格，这也是教学变革的最终走向。

细化　创新　发展

“红杏枝头春意闹，木棉花暖鹧鸪飞。”2008 年 3 月 10 日下午，高语组的主题为“狠抓主题教研，扎实常规教学，努力推进语文教学高质量发展”的新学期教研计划解读与工作布置会在小学部高教楼 209 室召开，教研组长蒋国冰老师主持了本次会议。

在“提高小学语文课堂教学有效性的策略研究”的主体教研思路引导下，高语组把“生本”和“生成”作为评价有效课堂教学的着眼点，从“科组文化”“主题教研”“常规教学”和“读书活动”四个方面入手，全力落实“以语言表达为中心”的高质量语文教育方案，并努力促进教师教学和教研理念的提升。“细化、创新、发展”是本学期高语组工作的关键词。

一、细化，把简单的事做好就是不简单

细化读书活动。以平时的阅读为基础，整合学生的课外阅读资源，分年级细化“必读书目”与“选读书目”，并制订好阅读保障措施及古诗词背诵日程表并定期进行检测，力促“书香童年”“书香班级”“书香校园”“书香家庭”计划的落实。

细化常规检查。提倡精练精讲的“有效作业”，反对题海战术或只做不批的“无效”或“低效”作业。要求作业凡做必及时反馈，关于反馈的形式，不同的作业有不同的方法。力争做到两点：一是精选习题，根据学生实际情况，分层精选每一道习题；二是精心批改，对学生作业要精心细致批改，要及时反馈，特别是对少数“后进生”要面批面改。

细化教研例会专题。每次教研例会力求做到有主题、有计划，有中心发言人、有实效。本期将进行“如何进行有效备课”“教育核心价值观研讨”“学生的有效作业”“说课评课促高效课堂”“高效课堂研讨”“读书交流”“学期教研工作商讨”“策划与总结”等八个专题的学习研讨，不断加强理论学习，提高教师的理论研究水平和实践能力。

另外，细化学生优秀习作推荐流程，细化期末专业论文评比，细化各年级学科能力抽测，细化教师期末量化考核等工作在会上得到具体布置。

二、创新，往前走就有新的高度

“千字文”的新要求。为了进一步提高教育教学质量，更好地总结经验，高语组要求每位教师每月上交一篇“千字文”，可以是教学反思，也可以是读书笔记，包括教研论文、教案设计、案例分析或经验总结等，其中，千字是底线。

“说—上—评”的新流程。本期公开课的研讨要体现在整个流程中，以课堂教学为突破口，进行“说—上—评”三位一体模式的主题研讨课。以学论教，课堂上体现“生本”“生成”的教学理念，推进课堂教学走向高效，促进语文教学的高质量完成。高效课堂的前提是有效的备课，首先，要发挥集体备课的优势。上课前，一定要认真备课，充分“预设”，要求同一备课组的教师围绕同一个教研主题，选择主题一致的教学内容，人人备课，设计好教案，备课组内研讨自己弄不明白或无法解决的问题，以便集体交流和研究，以达到集智式集体备课。其次，备课组内要组织说课活动。在主题研讨课上课前一周，备课组内让同一课题的主讲教师具体表述自己的教学设想及其理论和实践依据。希望同一课题的老师能共同研究，资源共享、智慧共享，相互促进提高。说课教师力争做到教材与学情的深入分析，教法与学法的选择恰当，过程与板书的合理设计。主讲教师根据自己的新思考和新认识，采纳其他教师的合理意见，重新构建授课方案。再次，教师上课要有“生本”和“生成”意识。主题研讨课堂上要突显“生本”意识，注重动态“生成”，力求高效课堂课题的深入研究。最后，认真组织评课活动。教师们要围绕研讨主题，提出发展性的评价意见，并给予公开课恰当的评分，将评价表发给教研组长。等组长汇总发展建议后，统一发给主评人，由主评人参照大家的评课意见，整合出一篇有主题的、立意高的、有理论支撑的评课材料，然后在教研组范围内对大家反馈，讲课人及时进行课后反思。

“有效评课”的新标准。高语组有效教学课堂评价表拟定了新标准，拟定了“教学设计”“教学实施”“教学反思”等三个一级指标和“教学目标”“教学内容”“教学过程”“互动策略”“生成状态”“自我反思”“重建方案”等七个二级指标，教师评课要看课堂能否体现较强的人文性，是否能凸显鲜明的教学个性，可不可以提升学生的思维品质，培养他们的合作与竞争精神。评课要客观公正，不说空话和套话。

“课外活动课管理”的新举措。高语组教师开设的特色课与课外活动课结合起来，统一归备课组和教研组管理，统筹兼顾，加强阅读指导。

每周二、周四都由教师轮流带学生走进阅览室、图书馆，规范小学生的阅读内容，传授课外阅读的科学方法，加大对学生阅读指导的力度，对学生的阅读方向、方式和方法等均给予正确的引导。

三、发展，仰望星空还需脚踩大地

新学期要有新发展。高语组根据外校“轻负荷，高质量”的教学特色和“建特色，创品牌”的发展方向，全力落实学校“以语言表达为中心”这一高质量语文教学方案。从师生的实际出发，在语文教学中推行“一个面”（大面积阅读、积累），“两条线”（口语发展线，书面语发展线）的教学模式，构建以“语言表达为中心”的语文教学体系。这要求教师根据自己的特长自选主题，用三年时间打造出自己的特色班，追求语文教学的高质量，努力打造特色科组，为培养走向世界的现代人奠定坚实的基础！

把班主任请上“百家讲坛”

——班主任专业阅读交流活动

魏书生在其《班主任工作漫谈》中说道：“班主任是在广阔的心灵世界中播种耕耘的职业，这一职业应该是神圣的。人们期望教育走向专业化，期望教师成为专业化的教育家，作为班集体的教育者、组织者和指导者的班主任就更加需要专业化。班主任专业化是教师专业化向纵深发展的必然结果。”

2009 年 6 月 7 日晚，小学部 60 位班主任齐聚小学阶梯教室，参加了小学部班主任专业阅读交流活动。活动持续了一个半小时，有六位班主任作了主题发言（项恒鹏《走近魏书生　做好班主任》、张霞《芬芳之旅》、严珊红《共同携手　期待芬芳》、肖晓敏《根植沃野　心怀世界》、熊年香《唤醒心灵的美丽》、蒋国冰《阳光下的塑造》），并赢得了阵阵掌声。

学部徐主任参加了交流活动并作了重要讲话，徐主任说道：“很感谢

六位班主任的辛勤付出，让大家不仅感受到了阅读的快乐，而且体验到了一种浓郁的生活气息和一些做人的智慧。今天的收获首先体现在价值观上，六位班主任的演讲交流，给我们价值观方面的引导和触动很大，这就是一定要多读书才能与时俱进；其次，在方法论层面上也有很好的借鉴，交流中，六位班主任老师介绍的读书方法以及结合自己工作实际谈到的班级管理经验都很值得借鉴；其三，专业化是法宝，班主任只有走专业化这条路，才不至于被一些外行的人牵着走，不断地读书、感悟、提炼、积淀，是班主任走向专业化的有效途径。”

全面、系统地进行班主任队伍建设和培养，创建有专业意识、专业精神和专业能力的班主任队伍一直是小学部学生处的一项重点工作。本学期小学部学生处把专业阅读作为班主任专业成长的一种新途径，为班主任老师们推荐了阅读书目、购买了专业书籍，并组织了读书活动，让班主任老师获益匪浅。

常规贵内化　习惯重养成

2009年10月12日下午，小学部高语组以“促常规内化，重习惯养成”为主题的教研例会在高教楼小学第二会议室召开。16位语文老师积极参加了研讨，小学部教学主任叶和丽老师到会并做了发言，教研组长蒋国冰老师主持了会议。

会议伊始，肖红海老师做了题为《学生语文学习规范》的主题发言，发言从“晨读规范”“练字规范”“课前预习规范”“课堂答问规范”“课外阅读积累规范”“考试答题的规范”“作文练笔的规范”和“语文学习笔记规范”等八个方面入手，详细阐述了高语组语文学习规范的具体内容和得力措施。与会老师结合自己的教育教学实际，进行了热烈的讨论，蒋国冰老师讲道，习惯要长期坚持，常规要严格要求，“罚其十不如奖其一”，适度的奖惩措施可以促进学生良好习惯的养成。蒋老师还提出了三条建议：课堂常规的形成与教师的引导密切相关；课堂规范要形成齐抓共管的局面；要积极探索生本课堂的规范。周末作业也是常规的一项，设计周末作业的教师要关注细节、方便学生。涂志强老师认为，常规有两种：一是课堂本身的规范；二是语文学习的规范。一般起始年级都是重新组合的班集体，抓规范、促习惯的工作十分重要，但不可以统得过死，因为每个教师、每个班级都有自己的风格和个性。比如生本课堂发言要有规范，但如果大家硬要用一个模式套，就不利于学生的长期发展。还有，要求学生规范，教师必须要规范，以写字为例，我要求学生规范地写字，我每次都与学生一同书写，带头示范规范写字。彭飞跃老师说道，有些东西是能长期保持不变的，比如说一些教育教学常规，不但要强化，而且要形成体系，以便学段间的有效衔接，减少起始年级重新整合的焦虑，我校近期制订的《课堂常规》就很好，方便了教育教学。衷颖老师谈道，新接手的四年级学生，要从怎么“坐”开始训练。有些学生上课发言声音很小，教师想方设法地鼓励，效果仍是不佳。衷颖老师随机请教了詹智梅老师和文红梅老师，两位老师当场支招，同时谈到了“长期坚持，严格落实，专项训练”的有效做法。“一、二、三，请坐端；铃声响，进课堂；一支笔……”付丽丽老师介绍“口令法”促进常规，简单、直观、高效，让与会老师耳目一新……

听了与会老师的发言，小学部教学主任叶和丽老师谈了三点自己的看法：一是大多数学生是在被管制的环境下不自觉地执行规范，离开了被管制的环境就“现了原形”，规范的形成还要促进学生不断内化，自主自觉生成的习惯和规范才是有效的。二是规范要有梯度，形成体系，以免出现高段埋怨低段，高段同时又被初中部埋怨的尴尬局面，充分注意学段间常规的反复性，适时恰当进行调整。三是要有“常抓不懈”的理念，特别是起始年级，倡导从严从实从简地扎实推进，首先要建立常规，然后才能超越常规。

听老师讲那科研的故事

——教师例会教研发言辑要

2011年9月18日晚，学期小学部第一次全体教师例会在春华楼阶梯教室召开。小学部周光群老师、黄珊珊老师、易华亮老师、程晓峰老师分别作了数学、英语、语文、品社等学科的专题教科研交流，教学处主任叶和丽老师主持了会议。副校长徐纯出席了会议并作了重要讲话，徐校长听后谈了三点体会："首先，我认为四位老师都是一线教师的优秀代表，精彩的讲座让我看到了很多人在做着不平凡的事情，并有着自己的独立思考；其次，每位老师都要有自己的学科意识和前瞻眼光，语文老师心中有语文，数学老师心中有数学；再次，我认为用研究的眼光看待工作，平凡的工作就会焕发出新的光芒，就会让大家有所启发。"

会上，叶主任讲道，本期教学处的工作重点是以"课题研究"为切入口，确立"一个中心"，夯实"三项抓手"。"一个中心"是以培养学生在"生本"理念指导下的良好的学习习惯、学习能力、学习品质为中心，构建"生本"理念下的以学生技能形成为中心的特色学科体系。"三项抓手"即一抓教学常规，落实备课常规、上课常规、作业布置与批改常规、检测常规、培优辅差常规、教研常规、期末抽测常规；二抓课堂教学改革，借助外界平台，凭借"内力"，使"生本"课堂走向规范、成熟与创新；三抓学科建设，构建广外外校以学生技能形成为中心的特色学科体系，如以"公民教育"为总轴，统领心理健康和品德教育的品社综合学科建设；“健康＋特长”的“一专多能”体育模式构建；完善武术、国画校本教材体系；完善并综合音乐、美术、戏剧、舞蹈以及影视、书法、篆刻等艺术形式和表现手段的艺术课程体系；整合《科学》《电脑》《劳技》《探究》等课程内容的综合科技学科建设。叶主任还对“学科建设”“为什么进行小课题研究”“小课题的特点”“小课题研究的一般方法与步骤”“小课题研究成果报告的撰写”“关于小课题的方案撰写与过程管理”等问题进行了讲解。

随后，四位教师逐一上台，分别作了数学、英语、语文、品社等学科的专题教科研交流。

周光群：怎样设计小学数学前置性小研究

设计课前小研究是生本课堂的关键一环，生本课堂的成功与否，小研究的设计事关重大。怎样设计小学低年级的数学小研究呢？学生先学到什么程度是合适的？于是，低数组就把如何设计前置性小研究作为一个研究课题。对于这个课题的研究，我们经过了三个阶段。首先是模仿尝试阶段。刚开始设计前置性小研究的时候，心里有些担忧。即使是教师详尽的讲解，少数学生还是学得很吃力。学生自己先学，行得通吗？带着这种担忧，我们开始了第一阶段的模仿尝试。从学生的反馈看来，学生做小研究很有难度，交流时兴趣不高，最重要的是让一年级的学生去归纳图形的特征，不符合这个阶段的学生以直观形象为主的思维方式。我们开始带着思考去改进，于是，我们根据自己学生的学习情况，以及自己对于教材的把握，开始重新设计前置性小研究。

就这样，我们根据不同的课型探索出了不同的前置性小研究的形式，如实践体验式：根据低年级学生以形象思维为主的认知特点，设计的小研究重在引导学生在实践中进行体验。看一看、摸一摸、做一做，充分地体验感知，是学生建立和理解数学概念的必要方式，这种方式适合感受课。以旧引新式：新知都由旧知生长。我们要尊重学生已有的知识基础，让他们用“老”办法解决“新”问题，这种方式适合认识课。用转化思想，学生可以把两位数乘两位数转化成已学过的连乘和乘加进行计算。以退为进式：以《集合问题》为例，从教材看，例题给出的数量较多，要想真正探究出“集合”的真谛有些困难，那就退到最原始的地方，从“1”开始。看似后退，其实是抓住了一个重要的“集合”的数学思想。循序渐进式：学生是有差异的。这要求设计研究题时，要重视个体差异，为不同学生提供不同的发展机会。从小研究的内容来说，题目的开放性越来越大，也是循序渐进的。学生个人喜好的图形以及认知程度不同，也会呈现出不同的规律。这样既能体现因材施教，也有利于不同层次的学生在原有基础上获得相应的发展。整体建构式：在单元知识结束后进行，小研究的设计要求知识点全面，结构层次清晰，有利于对整个单元的知识进行整体和系统的建构，这种方式适合用于知识整理课。可以用图、表、文字的不同方式来呈现。疑难突破式：小研究的设计针对本单元学生不容易掌握的疑难问题，进行方法的研究和优化，以期取得突破难点的目标。这就需要教师充分了解学生对知识的掌握情况，并且针对学生的弱点和难点下功夫，来精心设计每一道题目。这种方式适合练习课，以及评研课。

这几种设计小研究的方式是我们在平时实践的基础上进行整合的，不一定完整，也不一定完全准确。其中最重要的是，设计小研究的时候，了解学情，吃透教材，尊重差异，给学生的思维和创造提供空间。

黄珊珊：小视角看大课题

说实话，以前很少接触课题，也不知道课题要做些什么。后来，从每天的教学反思中，我总会发现不少教学问题，而这些问题总得不到满意的解答。每次观摩同事的公开课，我也会对教学细节产生困惑，甚至会以小细节影响大教育这样的角度去谨慎地对待在课堂上的做与不做，做什么、怎么做等一系列的问题。我把那段时期称为“困惑期”，各种各样的困惑其实就归结在一个问题上——怎么教英语，有了问题，自然想寻找到问题的解答，我想这应该就是课题产生的前动力吧。今年3月份，著名教师朱浦被请进外校来，他的理论和他对教研的执着追求，都深深地印在我的脑海里。接着，我经历了近4个月的理论实践期，同时也形成了我的课题方案。其实，我的课题方案是在一次又一次的公开课实践、一次又一次的教研交流中逐步成就的。下面，请大家和我一起把时间拨回今年的3月份，谈谈我做课题的那点事。

3月21日，朱浦老师到我校调研并进行讲座（出示幻灯4，5），从朱浦老师的话中不难听出，他要讲的主要有两个重点：第一，单元整体设计，第二，文本再构。旨在通过对单元整体设计和文本再构的研究解决如何以语境、语段为主体带动词、句学习的问题，由此，提出了我的研究课题。那么，这个课题具体研究什么呢？简单点说就是，单元整体设计是什么？文本再构又是什么？怎么做单元整体设计？怎样进行文本再构？以及我们在实操过程中会遇到什么样的困惑，如何解决？这也就是课题方案中需要我们写的课题研究的内容。那么，有了课题，有了研究内容，接下来，我们来讲讲研究对象和方法，以及汇报成果。我把研究对象定位于小学中年段的学生，研究的基本方法就是上实践课和观摩思考。3月28日，（出示幻灯8）3月28日以后（出示幻灯9）在此期间，我顺手把课题小结也做了，以《评课中看文本再构》一文阶段性地汇报了课题研究成果。4月13日，在做单元整体设计交流的会议上，我也将此次交流的成果以《单元整体设计初探》一文汇报了课题研究成果。后来的两个多月，主要都是教研活动，如参考上海市模板，备课组尝试单元整体设计；又如举办以“基于单元整体设计的文本再构”为题的教学论坛；正是这些活动，促进了我对课题的研究。7月初，我与杨洁老师、许更连老师到上海参加教与学的培训，此次培训让我对课题有了更深入的学习，并以“从英语语篇教学谈开去”一文汇报了此次上海之行的收获；暑假期间，我对英语教材四年级第五单元的设计，较之4月份的设计，有了不同的思考，并以“单元整体设计的前思考”为题谈了我在上海培训后对课题理解的改变。在这个过程中，我感触最深的是，研究的实施步骤与课题小结是同时进行、互相促进的。

从这个学期开始，我将实施单元整体设计，并运用再构文本进行课堂教学。在课题研究过程中，针对出现的突发情况适时调整研究方向和研究方法，并对实施阶段和总结阶段做了一个粗线条的时间规划。

易华亮：

绘本——阅读教学的实践探究

我是在二年级的时候开始尝试绘本读书课的，到现在已有一年的时间。在这一年里，我和孩子们共读了十本绘本。为什么会对绘本阅读萌生兴趣呢？因为学校和生本语文一直倡导大阅读，每个语文老师都在想方设法让学生爱上阅读。但据我观察：以前低段孩子们的早期阅读量较少，质量也不高，主要是因为识字量少，读拼音读物麻烦。一年级后，学生大量识字，有了这个基础，我该怎样调动孩子们的阅读积极性，让孩子们普遍爱上阅读呢？恰好，我给女儿读书的时候接触到了绘本，发现绘本作品既幽默有趣，又温馨感人，自己也特别喜欢。通过查找有关资料，发现绘本是个很大的专题，是国外儿童早期阅读的主要读物。在国外有近200年的历史，日本很早就引入绘本，我国近十年开始引入绘本，一批作家如彭懿、梅子涵等都积极推广绘本走入家庭。窦桂梅、民学等名家开始把绘本引入课堂。有些学校开始有关绘本的课题研究，有了这些前辈们的先行实践，我就想在班上做些尝试。一来前辈们在做，说明这个可行，二来我可以跟着前辈学习。

实施前，通过阅读大量的资料，我知道了绘本是什么样的书籍，读了很多专家的诠释，其中日本的松居直最简洁：绘本＝图画＊文字，为了让大家更好地了解，我们以一本绘本为例，《母鸡罗斯去散步》，整本书就一两句话，却给我们讲了一个非常惊险、有趣、跌宕起伏的故事。另外，绘本不仅仅适合小孩子读，也适合成年人读。窦桂梅曾在六年级讲过绘本阅读课《我的爸爸叫焦尼》。

对绘本以及“绘本阅读教学”有一定的了解后，我开始着手为孩子们选书。孩子们到底喜欢什么样的绘本呢？我先把那些获大奖的绘本记下来，然后在网上一本一本地去找，自己先试读，觉得特别好的，下载下来做成课件，在班上尝试。第一次尝试的是《鼹鼠和小鸟》，学生非常喜欢，一节课都很专注，讨论很热烈。课后，我和孩子们聊天，发现孩子们对书籍的选择有自己的想法。经过进一步调查发现：就图画而言，生动夸张的、色彩鲜艳明亮的更能引起孩子们的注意。如果画面中藏着什么秘密就更好了，一旦被他们发现了，会让孩子们感觉特别满足。就角色而言：他们喜欢积极向上的角色，还有正直善良，喜欢帮助人等，最好有点搞笑和可爱，如果能像他们自己一样也能犯点小错误就更好了，有时还喜欢反常规的颠覆传统的角色。就内容来看，孩子们更喜欢快乐圆满的故事，尤其如果是一个完整的故事。要是故事不完整，他们就会一直问："后来怎么样啦？"如果故事没有结局，他们心里也要为它编个结局。根据这些特点，经过反复比较，就选择了十本绘本。

那么我又是怎样指导学生进行绘本阅读的呢？

（1）猜想：在读书之前，让学生看着图画猜一猜书里面的内容，看的过程中，猜一猜接下来会发生什么事，孩子天生有好奇心和无穷的想象力，他们会猜出很多意想不到的事。如果他们的猜想被印证，会获得极大的满足感和成就感，猜想对调动阅读积极性非常有效。上学期期末时，孩子们天天复习，有点疲劳，为了调节他们的情绪，我特意选择了有着奇妙的想象力的《云朵面包》，运用猜想让他们猜测云朵面包是什么样的，是什么味道，孩子们猜中后都很开心。

（2）讨论交流：如何引导学生将阅读后的感受与大家交流分享是绘本阅读的核心，因为这是思想的交流、思维的碰撞，更是探寻绘本主题的途径。但是在这点上我却走了弯路，挫折来自于一节试教课，我选择《熊爸爸去另一个城市工作》在平行班试教。书里讲的是爸爸要去外地工作6个月，为了不让孩子们太想念，就给每个孩子留下一样礼物，在外地工作的爸爸想家的时候，发现了孩子们在行李箱里放上了送给爸爸远行的礼物。故事里的一家人心心相印，故事非常温馨感人。之所以选择这本书，是因为这本书特别贴近外校孩子的生活，其一，外校的孩子从小离开父母，他们内心有种不安全感，这本书正好让孩子们学会如何看待与父母分开这件事。其二，外校的家长在外应酬、出差是常事，学生有时很不理解父母，而这本书能让他们从另一个角度体谅远方父母的孤独和对亲人的思念，学会关爱父母。上课前我很有信心，但实际的课堂效果不太令人满意，虽然有几个孩子感动得流下了眼泪，但大多数孩子沉默着，课后沉痛反思后发现，是我把自己对绘本主题的理解强加到了学生身上，觉得一本书的主题价值如果不让学生体会到，好像太可惜了。但学生与我的人生经验不同，他们的体验与我不同，我硬要将学生引导到某个层次，反而会给学生造成负担。这节课的失败让我明白：要尊重学生独特的阅读体验，这种尊重不是灌输，不是植入甚至不是引导，而是分享。真正的尊重只能是分享，

后来的实践也证明了这点。看完《鼹鼠和小鸟》后孩子们的感触是说要给动物自由，但黄文颢同学却发出了这样的感叹：为什么呢？因为他小时候经常生病，总是让妈妈整天照顾才行，他在书中找到了他自己。再比如看完《云朵面包》，曲田熙印说："我最喜欢猫爸爸，因为他飘到公司的时候说了一句很搞笑的话：'刚好到时间了。'我要给他加一句：'刚好到时间，不会被老板扣工资了！'"一般孩子都想不到这点，因为曲田接触社会较多，社会经验丰富。后来我在教后反思中写道：正因为孩子有他自己的经验，所以他们对同一本书的感受是如此的不同。这就是教学资源，每个学生都可以表达自己的想法，一起分享、相互启发，进而丰富自己原有的感受，产生思维的碰撞。因此，在讨论交流时，我立下两条规矩：一不做沉默者；二要尊重每个人的阅读感受。

（3）续编绘本：有些绘本很适合续编，让孩子们体验自己创作的感觉，会很有成就感。《勇气》通篇就是勇气是……勇气是……语言很生活化，孩子们一读，会感觉原来勇气没有那么神秘，不就是打完架先去认错嘛！他们把自己心中的勇气写出来，你们看：还可以续编，《蚯蚓的日记》孩子们非常喜欢，被蚯蚓的可爱、傻乎乎的样子逗乐了。看完后，孩子们忍不住自创了《蚯蚓漫画》《蚯蚓超人》等，有些挺有意思的，这些我都收起来，有时还和家长一起分享。

（4）写读后感：开始写的时候，我很犹豫，怕给孩子带来负担，影响了他们的阅读兴趣。但事实证明这种担心是多余的，因为学生很喜欢，阅读后他们有想法，也渴望表达。我对读后感的字数没有要求，倡导自由表达。孩子写，我也写。每次都会发现学生中的"珍珠作品"，也会选出一批有意思的作品让他们上讲台读给大家，我也会读自己写的，那种分享的愉悦非常美好。

这一年的绘本阅读教学实践，我很享受和孩子一起读书的幸福，也亲眼看到了学生的变化。我最大的体会是：绘本给孩子们打开了阅读的大门，激发了学生的阅读兴趣。跟之前相比，学生普遍喜欢阅读，课余和晚自习很自觉看书，他们还会在网上买书。我不能说每个孩子的阅读兴趣都是由绘本阅读带动的，但至少通过绘本阅读让学生们尝到了阅读的快乐，将他们带入了广阔的阅读世界。比如《蚯蚓的日记》这本书就是让学生笑一笑，好像没什么目的，其实不然，学生从一个不起眼的小动物蚯蚓的身上了解到：原来他们也有自己的生活，也有喜怒哀乐。亲近动物、尊重生命等这样的情感就在笑声中留在了学生的心中，读书的快乐也留在了孩子们的记忆里。

让学生自鸣天籁

——班主任专题会议

2011 年 9 月 21 日晚，小学部 60 名班主任在春华楼阶梯教室召开了新学期第一次班主任专题会议。小学部德育处主任刘文娟主持了会议，副校长徐纯参加了会议并做了重要讲话。她首先讲到了自己上学期参加石家庄外国语学校年会的见闻与感受，并着重介绍了该校“项目设置—项目完成—项目展示—项目评价”的自主学习、自主发展的四环节教育模式，然后深入分析了我校小学部 13 年来对育人价值观的追求，并肯定了我校已形成的“以生为本、活动育人、重体验、重自治的知行合一”的德育特色。倡导教师牢固树立“学生是无限发展的可能”的学生观，充分发挥学生自主、自理、自育的潜质，师生共同创造出一片德育新天地。

会上，刘主任以《宿舍逃生演练》活动为案例，生动形象地展示了自主学习和自主发展的四环节教育模式在德育活动中的贯彻实施，同时，希望引发班主任的一些思考：如何强化学生的主人翁意识，更多地相信学生、依靠学生、调动学生，更大程度地发挥学生的主体性和主动性，让学生真正成为教育的主人。刘主任还讲道，本学期，小学部德育工作的思路是“做好常规　凸显特色”。教师要做到把学生当作主体推向前台，让学生得到信任、得到重视。为学生营造良好的参与氛围，创设主动参与的有效机制，成为学生自主、自治的支持者和指导者。级组及学部层面要开展丰富多彩的德育活动，让学生有充分的自主和体验的机会，切实提高学生自主、自治的意识和能力，充分发挥队组织的作用，让少先队成为学生自主、自治的重要平台，其中，中队是重点。加强班干部及队干部的培养，以点带面，为全面提高学生自主管理的能力起到有力的带动作用。

随后，老师们一同观摩了石家庄外国语学校年会展示的自主学习、自主发展四环节教育模式的示范中队会，会议持续了近两个小时，各位班主任老师获益颇丰，小学部德育处副主任吴大海老师参会并一同观摩了示范班会。

为“高原期”破局

——五年级举行新学期教师恳谈会

“先开枪，后瞄准”“不让雷锋吃亏”“提高执行力”，2012 年 2 月 19 日晚，五年级全体教师在春华楼 410 室举行新学期教师恳谈会。

会上，五年级组项恒鹏老师传达了基层干部会议、年级主任例会的精神，并倡导五年级组的教师以创业的激情打开全新的工作局面。教师们围绕本学期五年级组的德育主题活动、规范教师请假流程、营造和谐的团队氛围、迎接省德育年会班会人选、教育教学常规管理工作、年级学生会干部如何发挥自主性参与管理、年级事务管理、班级文化建设、养成教育等话题，一一展开了讨论，现场气氛较热烈。

最后，项老师总结了上学期年级组工作的成功经验，提出了愉悦教师身心的年级组活动方案，指出了工作中存在的自由、散漫、粗暴的“高原期”不良倾向，倡导全组教师继续发扬“深涵养、厚功底、好学习、勤健体、善创新、乐助人”的优良传统，勤勉谦逊、真诚待人，以全新的精神面貌投入到新学期的各项工作中。

“无领导论坛”

——“广州版”英语质量调研评析会侧记

2012年9月24日晚，小学部六年级在广益楼4203室举行了“广州版英语”质量调研评析会，评析会采取“无领导论坛”的方式，六年级英语备课组的六位任教老师针对前不久进行的“广州版英语”质量调研活动各抒己见，畅所欲言。

周英老师：

广州版教材并非我校小学的主打教材，上学期，全年级仅在每周一利用一两节课的时间对教材进行了通读，再者，经过一个暑假，孩子们又可能出现了部分知识点遗忘的现象，总的来说，孩子们还是取得了比较理想的成绩。

一是听力方面。学生听力能力能达标，失分率较低。听力既考查学生的听和认读能力，又考查学生的语言综合运用的能力和理解能力，学生不光要理解所听内容还要做出快速反应。可以看出，学生具有一定的语音知识，听音辨词准确，对所学的功能句型和基本句型能进行适当的交际，能根据所听短文获取信息进行综合整理并作出正确反应。学生的整体听说交际能力和听力理解能力都很好，说明教师平时教学时注重了听力训练。二是学生对于词汇、功能句型、基本句型的认读能力较好。听力部分不光能反映出学生的听的能力是否达标，还反映出学生具有较好的认读能力，学生在听和理解的基础上还要对卷面的单词、句型作出正确的理解，才能作出正确的应答。尤其是笔试部分对学生认读理解能力要求更高，笔试部分的翻译词组及选择题，连词成句和阅读判断做得较好。但根据单词的适当形式填空时学生失分较多，这两个题主要考查学生对单词、语法功能句型的认读，从学生的整体掌握情况可以看出，在日常教学中教师对于基础词汇及语法功能句型的认读和理解训练把关还需加强一些。三是学生形成了一定的阅读理解能力。阅读理解能力是英语教学的主要目标之一，此次阅读文章共有两篇，判断正误是阅读题型中较难的题，学生能大体看懂全文，通过上下文来猜测词义，对文章的主要信息把握较准确，能对有关细节作出正确的判断，说明学生根据短文阅读获取信息的能力，分析、归纳和整合的能力都有了很大的提高。在我所执教的班级，同学们一直对英语学习有着浓厚的兴趣，在课堂教学过程中，教师也特别注重与学生沟通并注重课堂的趣味性。在抓牢基础的同时，更注重对学生综合能力的培养，让学生学会在交际中运用所学句型及词汇，学生能灵活地在各种具体情境和语境中运用语言进行交际，而不是纯粹地死记硬背。教师平时也很注重学生的阅读，也会加强对学生阅读技巧的训练，让学生在阅读中体会快乐，提高阅读能力。

存在的不足之处有：学生拼写单词词组的能力较低。词汇拼写达标率并不高，失分率较高，此题主要考查学生对于教材词汇拼写掌握的程度。虽然单词均来源于课本，但由于我们之前对教材的要求仅限于认读，没有做深层次的要求。

张俊敏老师：

本次“广州版英语”质量调研由广州市白云区教育局统一命题，以课程改革的总体目标和英语课标为指导，目的是对全区各年级使用广州版英语教材掌握目标达成度笔试进行调研，期望能如实地反映学生综合语言运用的能力，把握六年级毕业关，同时使六年级英语备课组教师获得教学的反馈信息，从而对自己教学行为的得失成败进行反思并及时进行调整，促进教师不断地提高自己的教育教学水平，对今后的教与学起到一个良好和正确的导向作用。本次调研的试卷在注重基础的同时，又增加了部分拓展题，其目的在于考查学生运用语言的灵活性和实践性。

坚持面向全体，落实“双基”，联系实际、灵活应用。

试卷难易度分布：基础知识80%，综合知识15%，开放拓展5%。从试卷分布情况看，全卷试题覆盖面广，既强化了对基础知识、基本技能的考核，又重视了对学生综合语言运用能力的考查，难度适中。调研试卷分听力和笔试两个部分，分别占70%和30%。试卷在所考查的知识范围、题型设计、各类题型所占比例、能力要求等方面，基本符合小学英语教学的大纲要求，学生均能在规定的时间内完成答卷。试题既考查了学生的英语基础知识，又考查了学生在本阶段所应具备的英语综合运用能力，基本上能对学生的读、写水平作出比较客观的评价。

从本次改卷结果来看，学生之间差距很大，两极分化较明显，存在为数不少的不及格群体，总体上仍需进一步加强。听力检测部分，学生基本上能听懂简单问题并给予回答。从整个笔试部分的分析来看，学生的基础知识与运用部分比往年要好，但普遍还存在着以下几方面的问题。一是学生掌握了基础知识，但还不能灵活运用；二是知识面狭窄，缺乏一定的生活常识和理解能力；三是语言综合运用能力较差。以上这些问题还有待于在今后的教学中去解决。在课堂教学中，要尽量多给学生一些听、读和说的机会，让学生多进行对话练习，将所学知识与学生的日常生活融为一体，少一些机械记忆，多一些灵活运用。同时，为了更好地帮助学生积累知识，打好扎实的语言基础，要坚持让学生写英语日记及英语小短文。每周一篇，可让学生摘抄一篇自己喜欢的作文或诗歌，促进学生写作能力的提高，学生的听、说、读、写等各种能力也将会不断地得到提高。

丁芸老师：

上学期，我们只有在“二课”时间才学习广州版教材，也就是说一周只有一节课教授广州版的内容。从试卷分析看，学生对完形填空、补全对话完成得不好，对实际回答问题完成得不好，特别是对“There be”句型的回答还不熟。个别广州版的单词学生不会，最差的是作文：写出你的一个亲人的日常生活安排。很多学生审题不清，语法中，一个亲人就应该用第三人称单数形式，日常生活中就应该用一般现在时，然而很多学生用错了时态，说明平时的操练不到位。这次检测结果反映出，平时应多花点时间在“后进生”身上，英语常用单词要过关，语法要加强，特别是作文要和时态相结合去写，平时还要多练。

黄玉章老师：

综观整张试卷，听力部分的题目完成得比较好，无论是听音选词或者选答句，都完成得不错，说明教师对学生平时的听力输入训练颇有成效。但是听音写词这部分丢分较多，说明学生经过一个暑期之后，对知识点有所遗忘。在笔试题中，学生的基础知识掌握得不错，但是语音题还是学生明显的弱项。单词归类、补充对话等题能正常发挥，选择题方面，一些基础知识学生掌握得不够牢固，也有人会在简单的题目上丢分，在语法的运用方面不够灵活，还需要多练。在阅读方面，学生的得分率较高，题目难度不高。写作题失分率高，学生的书面表达能力有待提高，需要巩固更多基础的、必要的，看似简单的知识。

另外，经过一段时期的训练，同学们的书写水平已有所改善，并能意识到单词的大小写，句子的标点符号等问题，部分同学已养成答题复查的良好习惯，提高了答题的技巧与水平，但仍有的“后进生”的卷面不够整洁，答题不够规范，各方面表现都有待提高。有待改进的几个方面：一是学习习惯方面，要多强调学习英语的良好习惯：专注、认真、细致，复查很重要；二是基本功方面，背单词的基本功需要加强，单词要不断循环复习、循环背诵；三是语法方面，语法的学习是英语学习中的难点。四种基本时态的加强训练，要更加灵活地运用；四是阅读方面，需要多加强阅读的量，把阅读当作复习和巩固的过程。在不同的场合去接触和认识单词，有意识地去积累词汇和语法知识。

欧文堂老师：

从卷面上各题的完成情况来看，听录音选词和判断方面完成得比较好，单词归类和单项选择也过得去，但写单词、问答、阅读和写作各项都有待提高。如在听句子补充单词中，dressed 和 weigh 两个单词没听清，也有部分同学没记住 strange 与 agree。两个单词在补全对话过程中，分不清人称，固定搭配也不熟悉。在回答问题过程中，“There be”句型掌握得极其不牢固，还有部分同学粗心大意，没看清疑问词而随意作答。阅读也是部分同学的弱项，虽然文章大致看得懂，但做题时却不懂得分析，缺少做题的技巧。关于写作主要问题在于：第一，没看清题目要求；第二，没注意第三人称单数的动词形式的变化；第三，句子缺少主语，句不成句；第四，语序错乱，词不达意。针对以上情况，要有所改进还应从基础抓起。必须让学生多读单词、多背单词、多写单词，才能够记得住、写得出、用得好。另外，对于好的文段，也要多听、多读，使书本上的文章转化为自己的文章，才能够逐步提高自身的阅读与写作能力，进而提高自己的英语成绩。

张娟老师：

本次"广州版英语"质量调研存在"高分不高，中间层成绩普遍偏低，两极分化严重"的现象。这次试题总体难度不大，都是考查学生对基础知识的掌握以及对解答相应题型的方法的掌握情况。具体来说，听力题因听力材料有限，前三个客观题老师代读相对录音要清晰，失分较少。第四题"听句子写单词"得分不高，很多学生对单词较生疏，出现拼写错误，dressed，strange，weigh这三个空更是大面积失分。第五题"听短文"完成情况较好，但仍有个别学生存在听力理解方面的问题而导致丢分。第六题"辨音题"，部分学生掌握情况较好，部分学生仍然未能掌握，仍然对此类题无从下手，准确率较低。第七题"归类题"完成情况较好。第八题"单选"，因涉及语法、一般现在时的陈述句、特殊疑问句、there be句型、形容词比较级、最高级以及词组固定搭配等，因对语法理解不够透彻，学生做此类题时还存在一定的问题，失分较多。第九题"补全对话"，医生与病人之间的对话，部分学生因平时阅读和朗读落实不到位，知识存储不够，得分不高。第十题"按实际情况回答问题"得分率也不高，以后还需多多练习加强。第十一题"阅读"，两篇难度都不大，但个别题型考察学生的理解力，对于部分只停留在原文找原句，较粗心的学生来说，对这类题把握的准确性也不高，出现较多的丢分现象。第十二题"写作题"，普遍得分很低，出现大面积语法错误，有学生甚至直接出现中文式的翻译，说明学生大段写作的能力还需提高，还需多加练习。

游学，行走中的世界课堂

——加拿大游学活动

游学，是行走中的世界课堂，是一种国际性的跨文化体验性教育。广外外校每学年都要组织学生出国游学两周到四周。通过让师生学习外国语言课程、了解外国名校、入住外国寄宿家庭、参观游览国外的主要城市和著名景点，培养师生的国际观和世界观。2014 年 7 月 6 日至 21 日，五年级共 160 名学生和 14 位教师，开启了历时 17 天的加拿大游学之旅。

我们的游学主要营地是邓肯市的哥维根谷学校，加拿大寄宿家庭的父母都很热情，也很负责，让休息好的孩子们早早地来到学校体验游学的乐趣。学校随处可见印第安人的图腾柱，房屋的墙壁上，也都画满了印第安人的图腾。古朴与现代交融，加拿大的多元文化一览无余。

丽莎校长为人随和，整天笑盈盈的。但在晨会上对学生讲环境保护、垃圾分类时，神情严肃，没有半点随意之态。集中训话后，分小组学期才是游学的精华和主体。课室是自由选择的，或是在小河边、或是在大树旁、或是在木屋中，每个小组有十人左右，和其他国家的学生自由组合，课程是开放的，每个教师每天的教学内容不同，学生中有学指纹的、做冰激凌的，有画枫树叶子的，有观看鲸鱼记录片然后动手剪出鲸鱼来的，还有玩手指游戏猜人、按游戏卡扮演角色、家庭劳动交流与问卷调查、学习当地的编织和舞蹈等等。下午一般都是户外活动，有时是寄宿家庭组织的，有时是学生统一组织的，活动内容丰富多彩，如采摘蔓越莓、到海边公园远足、观看沙雕展、学划皮划艇……周一至周五，领队老师都能见到学生，与学生们一起参加活动。周六、周日则完全由寄宿家庭组织“较大型”活动，如几十个家庭一起举行Party，开车到森林深处探险，在离家较远的地方住房车进行户外烧烤，训练飞鹰捕食，开船到大海深处观看海狮、海豹、鲸等海洋生物。这期间，未经预约，是不准老师上门探访的。

游学期间，同事丢了东西却失而复得，学生中有丢东西的也有国外友人主动帮忙寻找并送回，这体现了加拿大的高度文明。对于我们的教育和影响都很深刻。

带队的14位教师住在学校附近的海边，靠海有很多有创意的小房子，大多用滚木和大块玻璃建成，大门基本不上锁，这让我们很诧异。同行的张洪亮老师说，他去年住在美国的寄宿制家庭，大门也是没有锁，在加拿大，我们每天冲凉都是赤脚，加拿大虽然资源丰富，旅馆却没有配备一次性拖鞋，导游说所有的旅馆都是这样，目的是为了节约资源。司机严守“行人至上”的铁律，无论在哪个路口，一律“车让人”。

游学归来后，同学们都说很感谢这次加拿大游学之旅。它培养了我们的独立能力、动手能力、团队合作能力和沟通交流能力，开阔了视野，增长了见识，提高了走向世界的精英素质。虽然只有短短的两个星期，却让我们在异国的不同环境中得到了历练和成长，让我们在世界性大课堂中重新认识了自己！

LICC——走向专业的听评课新范式

——《把习作的评语权还给学生》公开课评课例谈

从某种程度上讲，教育首先是一门科学，其次才是一门艺术。为了改变听课者盲目听课，课后泛泛而评的现状，小学部高语组引进了崔允漷教授（华东师范大学课程与教学研究所所长）倡导的“LICC”听评课新范式——4个维度、20个观察视角、68个观察点。这种听评课新范式提倡听课者在听课前要做好充分准备，明确听课的任务。听课时，听课者之间要合作，根据自己的听课任务进行观察和记录，课后对记录进行分析，针对问题提意见。下面以我前不久上的一堂教研组的公开课《把习作的评语权还给学生》为例，简要呈示这种评课的真实“面目”。

一、《把习作的评语权还给学生》评研课教案

1. 设计理念

现代课程理论认为，教师即课程。教师不应只是课程的执行者，而应成为课程的开发者、决策者。“评语写作”没有现成的教材，“手中无教材，心中有教材”。最好的教材就是从自我确认的理念出发，寻找到切合自身教学土壤和特质的途径，大胆探究、建设教材。

任何高明的教学都代替不了学生的自悟。“评语写作”也是一样，必要的训练只能给学生以“评语写作”的“规矩”，而“规矩”是进入“巧妙”之境的必经之途。虽然不成熟，虽然很粗糙，但也已经在新的征程上了。

2. 学情分析

五年级（1）班学生的习作兴趣很浓。全班每人有12篇以上的习作在班级习作集《让学生人人都出书》《囧言囧事high一夏天》《把习作的评语权还给学生》上刊登。全班学生都积极投入到“素读经典＋海量阅读”的语文综合性学习活动中，为习作打底。近三个学期以来，一直坚持“把习作评语权还给学生”的“评语写作”实验，处在改革中的学生是相对幸福的，但实验中的老师却是高度紧张的。

3. 课程开发背景

让学生批改作文，大家都想做，但又不敢做！原因有很多，其主要原因是不敢放手，怕学生的作文评语不到位，费时又添乱！

依据生本理念和新课改的精神，我开发了本节《评语写作》评研课，消除教师的霸权地位，给学生“评语写作”权，“巧给方法”“巧给时间”“巧给鼓励”，启发学生对“习作的评语”进行比较、评价和完善。力争让“学生的评语写作”呈现出“百卉含英”“百花齐放”“百家争鸣”的喜人局面。

4. 学习目标

端正“评语习作”态度，探究“评语习作”的方法，初步学会对他人创作的“评语习作”作品进行比较、评价和完善。自主畅谈自己对“评语习作”的认识和收获。

5. 学习重点

了解“评语习作”方法，初步学会对他人创作的“评语习作”进行比较、评价和完善。

6. 学习难点：初步学会对他人创作的“评语习作”进行比较、评价和完善。

7. 学习准备：评语习作例文，多媒体课件，其他。

8. 课堂简易流程

(1) 讲故事，活跃气氛。

(2) 编口诀，探究方法。

(3) 创佳作，评析作品。

(4) 谈感悟，总结收获。

(5) 荐书目，拓展视野。

二、《把习作的评语权还给学生》评研课评语

维度一：学生学习

本课教学对于学生来说是一个极新的领域，或许是项老师长期训练的结果，这节课虽然有些拔高，但是学生还是较感兴趣。课前，学生都认真地完成了前置性作业，这些作业为本课的教学打好了坚实的基础。本节课，学生自主学习、记录笔记、当堂书写评语……这些活动给了学生充分的自主学习时间，但由于难度太大，本课学生真正发言和参与提问的机会较少。

项老师的学生每人都有12篇以上的习作在三本班级习作集上刊登，项老师的每个学生应该都有一种成就感。“把习作的评语权还给学生”，一看课题，就已知项老师是以生为本，以学生的发展为教学中心的；翻看《把习作的评语权还给学生》，就已知道项老师的“评语写作”实验已经硕果累累。学生写评语的能力已经有了很大的长进，已经深谙其道。这堂课是一节展示课，很期待项老师能够执教一节指导细致的评语写作课，让我们也能踏上写作的快车道。

课前学生准备充分，如学生评选优秀习作和优秀评语时，都很有自己的思想，学生也敢于表达自己的看法。在现场习作评语时，学生都能积极参与，教师也给了学生充足的时间，约十分钟左右，学生的评语最多的将近300字，从举手情况来看，20多个学生的评语达200字左右，由此可见，大部分学生已掌握了评语的方法，也可以看得出，学生平时在这方面的训练是有素的。纵观整个课堂，学生动手操作较多，参与也较积极。

所有学生都做了前置性研究。学生的准备不仅仅是前置性研究的那一张纸。学生人手一本《把习作的评语权还给学生》文集，这是超前的准备。这类课堂，更需要学生学会倾听，特别是倾听其他同学的发言。学生的读和评是这节课的主要内容，至于记笔记，倒并不一定非得记。学生小组讨论交流很积极，也很有效。学生在课堂上较短的时间内，不仅复习了评改作文的方法，还进行了现场实践，这需要学生有良好的素质。

项老师学生所列出的皆为“大部头”。一为摘抄本：平时学生的随手摘抄习惯很好，随手一翻，字字珠玑，处处留心。二为作文本，学生写作水平也不低，而且评议作文的水平不低，对习作的评议从字词段篇入手，有条不紊，成竹在胸。三为习作书。每个人几篇文章，选登出来，这不能不称为一个浩大的工程。让每个孩子都有习文的习惯，有习文的兴趣，以及有登出来的机会，这个做法是有很大的益处的。

在本节课上，项老师意在展示班里孩子对作文的写法及对讲评作文的方法的理解和实践，但对这个讲评方法如何实施和开展，却没有太多的讲解。如果能紧紧围绕一篇文章进行展开，从字词、句式、段篇等方面一一探究，可能教学的效果会更好，我们听课时也能学到一些知识。

维度二：教师教学

项老师在习作的评改方面进行了大胆的改革创新，通过课堂评研，让学生对其他同学的习作评改有了更多的了解。精心设计教学，课堂中实现了由扶到放的过程，体现了由学习到实践的过程。开头由故事引入，激发了学生对评语写作的兴趣，课堂中通过对比和欣赏习作范文及评语，总结出了评语习作的方法，然后再指导于学生的实践。不足之处是，学生小组合作游戏——范文范评对对碰，让学生在短时间内统一好一篇范文来读和评，时间显得有些仓促。

项老师的这节课给人耳目一新的感觉。首先是内容的选择——评语写作，很少有老师尝试去这么做，其次是故事引入、范评队队碰等环节，较有特色。各环节的安排合理、紧凑，较有层次感。呈示方式有讲解、幻灯等，较有实效。在对话和指导上，项老师也处理得较好，点拨和评价得当、有效，学生的学习积极性被调动起来了，参与性较为踊跃。建议项老师关注各环节的过渡，使教学显得更加流畅。

维度三：课程性质

1. 本课预设的教学目的是端正态度，探究评语习作的方法，初步学会对他人创作的“评语习作”作品进行评价和完善。根据课堂实施情况来看，这一目标比较适合本班学生的水平，在课堂中，不仅此目标完成度比较高，而且还有新的生成，比如学生对同学给予自己的习作评语的再评价等。

2. 本次课型属于项老师个人的特色课型，他针对教材所采取的策略具有个人特色，课容量适合本班学生的需求。

3. 以课前小故事引出有关评价他人作品的注意事项，激发了学生对端正评价习作态度的重视。

4. 课堂中，教师能及时对评价过程中出现的信息提出有效性建议。

5. 推荐的课外书目比较适宜学生，能给学生指明下一阶段的阅读方向。

让同学之间互评作文并写下评语这种做法其实很多语文老师都曾经尝试过。但是，说到这样做的决心、恒心和耐心，项老师则问鼎其中，所以，项老师的学生都特别会写评语，也特别愿意写作文评语。特别值得一提的是，学生互评互改后的作文，老师会收回来再次浏览，主要是浏览学生圈批、点评的情况，对学生的评改作文情况进行再评价，并写出教师的评语。这样，才能激励学生持续进行互评作文的积极性，学生的鉴赏和评价能力才能逐渐提高。

项老师的这节"评语写作"评研课，其独特的教学角度和学生的积极参与，以及集结成册的学生作文，都令人惊叹，实在是花了很多心思和功夫。这个新研发的课程教学设计简洁、流畅，直指学生的评价能力，教学策略也很巧妙，学生编口诀、议评语、写评语，符合学习规律，所以，课堂气氛自然很活跃。尤其是学习目标的评价方式更是多种多样，有小组选评、双人汇报评、个人用所学方法再评等，学生的表现也比较出彩，显然，这样的训练是他们所喜欢的。不足之处是，时间稍显紧张了一点，否则，最后念一下各式各样的评语，更加能反馈学生的掌握程度。

需要商榷的一点是：教学目标中是否可以再加入"学生听他人对自己文章的评语，表达不同意见，再修改文章"，因为评的目的就是要让其他人学会改，如果作者接受并学会修改，又是对这节课达标后的一个很好的反馈。

项老师所预设的目标主要是：端正"评语习作"态度，探究"评语习作"的方法，初步学会对他人创作的"评语习作"作品进行比较、评价和完善。自由谈谈自己对"评语习作"的认识和收获。

为了实现这样的目标，项老师主要采用了"讲故事""编口诀""创佳作""谈感悟"和拓展延伸等环节来实现。环节紧凑、结构完整，由方法的习得到方法的运用，层层递进、逐步提升。真正体现了以学生为主体，教师为引导的教学理念，而学生也真正在老师的引导下“动”了起来。

本堂课有两个值得注意的地方：第一，课件作为教学的辅助工具，其中最好不要出现教师的教案设计。如教师在游戏环节出现了这样的幻灯片“评一评：小组内找出自己认为是典型的范文、典型的评语，小组内交流。A生读习作，B生读评语，教师巡视，推荐经典范文、范评，全班交流。”其实如同“教师巡视，推荐经典范文、范评，全班交流”这样的内容可以去掉。第二，对于时间的把握，教师要有一个宏观的把握。其实对于评语，如果时间充足，可以让学生对具体方法进行感悟和总结。

维度四：课堂文化

“评语写作”评研课这个课型的选择本身就体现了教师在课程开发和资源利用上的大胆尝试与创新，并展示了多年来的实践成果，非常值得我们思考与借鉴。课堂中师生关系较融洽，氛围轻松愉悦，学生和教师都特别有成就感。课堂指向明确，操作方法具体，教师能够提供比较多的技术层面的支持。教师自身文化底蕴较深厚，对作文指导和文学创作有自己独到的认识，如何把这样的一些特质让课堂上学生这个年龄层次能够接受、理解和运用是值得进一步探索的问题。

作文已经是项老师的“自留地”了，他偏爱这一片土地，并一直努力在这一片土地上耕耘着，且自成系统、自有一套，“小就”已有，“大成”可期。

教师将作文教学中的“明规则”“潜规则”都口诀化，反复灌输到学生的脑海中，形成写作思维，并进行潜移默化。在课堂上，学生有很多问题并不是马上就能大声回答出来，但并没有因此“紧张”，课堂气氛依然轻松和谐。

最佩服的一点是，学生作文写得好，评语写得好……这一切比这一堂课更有说服力！

“乐学精神”和“生命课堂”受热捧

——吴大海、项恒鹏老师送课江夏小学

2013年3月22日上午，应白云区教育发展中心之邀，我校小学部吴大海和项恒鹏两位老师送课江夏小学。吴大海老师在江夏小学四年级（2）班执教“小数的产生和意义”一课；项恒鹏老师在江夏小学五年级（3）班执教兴趣作文《从前有座山》；接近中午时，吴大海老师作了题为《打造生命课堂》的讲座，项恒鹏老师作了题为《思维——习作的命脉》的作文讲座。两堂课、两场讲座都深受江夏小学师生的欢迎。

讲座中，吴大海老师讲道，生命课堂理应关注“人”的发展，理应善待生命的自主性，尊重生命的独特性，理解生命的生成性，关照生命的整体性，发掘生命的创造性，理应让孩子们的兴趣和向往，生活和理想，生命和创造都在生机勃勃的课堂环境中焕发出来，飞扬起来。焕发出生命活力的课堂才是理想的课堂，这样的课堂必须是减负增值的、面向全体的、尊重差异的、师生共同成长的，这样的课堂，也就是新课程改革所追求的课堂。

项恒鹏老师在《思维——习作的命脉》作文讲座中提到，标准化催生“复制作文”，假、大、空受鼓励，真心童趣反而得低分，种种作文教育的怪现状都指向了一个核心的本质问题：我们的作文教育并没有把

"我"放在第一位！没有把"我"的真实表达和真实感受作为习作的第一要义！叙"我"、"我"叙是习作的最大本性，最核心的真谛。学生习作的过程，一言以蔽之，就是用"我"的思维，在生活空间、知识空间、想象空间编织语言文字的宽带网。学生习作前要注重积累，在习作中要注重辅导，习作后要注重评析。

海峡两岸暨香港、澳门教研　我校羊城挥鞭

——小学数学优质课观摩活动

2013年12月18日至19日，在风景秀丽的二沙岛省体育馆举行了"海峡两岸暨香港、澳门小学数学优质课观摩活动"。广外外校小学部吴宏老师代表广州市执教了这次同题异构课。本次活动是由广东省小学数学教学专业委员会组织举办的，是一次官方组织、级别较高的小学数学优质课展示活动。活动分为四个板块：一是今年全国数学赛课的一等奖课例展示；二是港、澳、台的优秀课例展示；三是广东省的三堂同课异构课例展示；四是人民教育出版社数学室的王永春教授的讲座。此次活动可谓名师云集、百家争鸣，与会代表共4000余人。

12月19日上午的广州、深圳、佛山三地教师的同课异构课例展示将这次活动推向了高潮。课上，吴宏老师发挥较出色，从一次有趣的奖励约定入手，带领学生认识数据的意义和作用，三次亲历数据收集整理的全过程，一领二扶三放手，循序渐进，教法朴实，学法到位。全程都围绕学生设计教学，每项活动都贴近学生生活，以学生为主体，真正做到了以生为本，取得了很好的教学效果。课后，广东省小学数学专业理事

会副会长刘艳教授就吴老师的课进行了现场点评，给予了这节课以高度的评价，并饶有兴趣地请吴老师再次上台和她一起进行互动，对于课堂各个环节有褒奖、有建议、有赞同，也有质疑，但语言温和，吴老师回答得也是谦虚机智，博得了现场老师的一阵阵掌声。

这次同题异构课的内容是二年级下册第一单元“数据收集整理”，这个内容是人教版最新教材调整后的内容，而二年级下册新人教版教材目前还未正式发行，这是人教社王教授钦点的内容。可以说，对于这节课，老师们只有两张复印的教材初稿，没有没有任何可以直接借鉴和参考的资料。为此，吴宏老师首先积极发动我校教研组老师进行集体备课，再向区、市两级教研员求教，明确新课标精神，定位课堂教学目标，推敲教学环节，发挥集体智慧，共同打磨这节课。这是一段漫漫长路，从接到教学任务至上课，吴宏老师不断修改教学设计，不断试讲，推翻，修改，调整，经过了 15 次改稿，8 次试教。从白云区试教到海珠区，从海珠区试教到越秀区。从整体教学环节，到具体的每一句语言，每一个字的语气语调，都经过了反复的推敲和锤炼，正是有了这一字一句的磨砺，才展现出了最后的精彩。广州市数学教研员杨健辉老师这样评价：这节课代表了广州市小学数学教学不搞花架子，不忽悠，实实在在，以生为本，讲求实效的风格。

“不寻常”就是传奇

——白云区语文课改优秀课例展示活动

“‘不寻常’就是传奇！越不寻常越好看，关于写动物传奇的小说你还知道多少?”2013 年 11 月 15 日，白云区语文课改优秀课例展示活动在黄边小学举行。由我校小学部教学处主任刘文娟老师领队，杨少华老师执教的六年级《金色的脚印》一课以高频词“不寻常”在白云区语文课改优秀课例展示活动获得了“不寻常”的好评，杨文霞、蔡馨慧、周慧、缪志英、项恒鹏等几位老师参加了课改优秀课例观摩活动。

开课伊始，杨老师就表现出了“语文课程开发艺术”的不寻常之处，20 多个成语接龙被学生一气呵成地火热上演，开课氛围其乐融融。“‘诱敌之计’‘一计不成，再生一计’‘深入虎穴之计’‘巧妙掩护之计’……用了这么多‘计’都没有效果，你对老狐狸有什么同情或敬佩之情?”杨老师驾驭课堂的语言智慧“不寻常”，起到了牵一发而“动”全文的效果。“这闪着金色光芒的含义有好几种，类似的文章还有《金色的鱼钩》《最后一头战象》《珍珠鸟》……”开启一扇窗，走出一片天，这体现了杨老师教学设计的“不寻常”。“西顿，动物小说的开创者；沈石溪，中国动物小说大师；椋鸠十，日本著名动物小说家，他们的代表作分别有……”以读引写、以读引说、以读引读，杨老师的生本理念运用得也“不寻常”。

志合者不以山海为远

——我校教师到白云区竹料五小送教

2013 年 11 月 21 日，受白云区教育发展中心的邀请，我校小学部学科骨干教师彭飞跃和刘永利到白云区竹料五小送教，受到了师生的热烈欢迎。“我在别的学校当了十年校长，刚到竹料五小，趁白云区课改之机，我想办法给竹小教师的课堂带来一股清新之风。”竹料五小的杨校长如是说。“我校教师基本上都是这附近的，都想让学生们多学一些知识，考好一些，这样我们脸上才有光。”料小的老师如是说。刚进竹料五小，校领导和教师们那求变革、求进取的精神风貌就让我们为之一振，这与外校的课改精神如出一辙。随行听课观摩的我校教师还有低数组徐培敏老师和高语组项恒鹏老师。“在校园的任何角落，都能看到学生的笑脸，听到学生欢乐的笑声。”这是我们这次送课最大的感受。

上午 8 点 20 分准时出发，经过一个多小时的颠簸，送教老师一行四人到达了竹料五小，受到了杨祥庆校长质朴又热情的接待，彭老师激情满怀地走进了五年级（2）班教室，给师生们带来了一节充满“语文味”的语文课。

开课伊始，彭老师以五个有趣的字谜，点燃了学生们的激情。“以读引说，以读引读、以读引写。”彭老师深入贯彻生本理念，潜移默化地教给学生许多学习语文的方法。“朗读下面的词语，你联想到了课文描述的哪些情景呢?”“打蔫儿、怔住、逼问、咬着牙、喋喋不休、摇摇晃晃”“后悔、雪上加霜、艰涩、忐忑不安、疼痛、谴责”“拖沓、骄傲、勇气、磨炼、路线图、聊胜于无”，学生畅所欲言，彭老师巧加点拨。抓住关键词来理解课文是一种很好的学习方法，另外，提炼课文主要内容也是深入学习课文的好方法。“请你用简练的语言概括出主要内容，要求能够抓住主要事件的起因、经过和结果，总字数不要超过 25 个字。”第三种学习方法即抓住“语段”，不是从单句去看，要整段整段来体会，这也是一种很好的学习方法。

结课部分彭老师匠心独运，运用了现场生成的方法，师生合作了一首现代诗歌《母爱》。

母爱/母爱是和煦的阳光/母爱是温暖的春风/母爱是甘甜的泉水/母爱是雨点般的赞扬/母爱是一如既往的鼓励/母爱是热情洋溢的拥抱/母爱是伏在缝纫机上瘦弱的脊背/母爱是龟裂的手指数着的毛票/母爱是立刻忙碌的身影/母爱是(　　)/母爱是(　　)/母爱是(　　)/母爱是(　　)/

母爱是（　　）——让我们在母爱的光辉中，幸福成长！

一首深情款款的诗歌，把课堂气氛引入高潮，但精彩并没有戛然而止，彭老师让同学们通过比较法来学习《慈母情深》《学会看病》两课。通过比较学生们体会到，《慈母情深》主要是从孩子的角度来表现母爱，侧重于通过对母亲外貌、语言和动作的刻画，来表现一位贫穷辛劳的母亲对儿子的爱，表达作者对母亲的热爱和感激。《学会看病》从母亲的角度来表现母爱，侧重于通过语言和心理活动的刻画来表现一位当代母亲内心的矛盾，表达一位母亲对儿子浓浓的爱。将课内与课外相结合，也是本节课的亮点之一，彭老师设计了一个精妙的课外阅读作业，本文作者毕淑敏女士写的另一篇美文《孩子，我为什么打你?》（课前已印好，现场发给学生），这篇文章与《学会看病》有哪些共同点？余音缭绕，日积月累，语文味就这样渐品渐浓。

刘永利老师执教的是小学二年级的数学课“9的乘法口诀”，这是一节轻松、高效，充满生活气息，具有较强“思考力”的课堂。课前，刘老师作了细致的学情分析：“学生经过前面的学习已经有了很丰富的经验，能够独立完成编写口诀的任务，并且大多数家长在暑假期间已经提前让学生背过口诀，所以9的口诀对学生来说并不陌生。基于学生的这些知识基础和经验，我考虑让学生自主学习9的乘法口诀，并注重对已有学习方法的迁移，重点引导学生发现9的乘法口诀的规律，指导学生运用规律熟记口诀。设计不同形式和不同层次的练习，使学生能够熟练掌握口诀，灵活运用口诀解决实际问题，提高学生的思维水平。”

“一扇皇宫的大门徐徐开启……”充满新意的导入吸引了学生们的眼球，“在古时候，大门上门钉的数量是很有讲究的，皇宫大门的门钉，每排有9个，有9排，一共是九九八十一个。九九八十一是关于9的口诀，今天这节课我们就来学习9的乘法口诀。”“青蛙一次跳9格，2次跳多少格？3次呢？……9次呢？你们能自己编出9的乘法口诀吗？试一试。”“9的口诀有几句？你喜欢哪句口诀？你能根据它说出两道乘法算式吗?”

在“探索规律，记忆口诀”这个环节，刘永利老师别出心裁地用各式各样的“掰手指法”记忆口诀，同学们都动起手来，边掰手指边背诵。

听课的老师也情不自禁地掰起手指来，每一句口诀都有一个相应的手指形式，太奇妙啦！学生们兴奋地喊着："我们的双手就是一个奇妙无比的计算器！"

"千讲不如一练"，刘老师在"练习巩固"环节颇有心计，"把口诀补充完整""看图列式""套圈游戏""看谁算得又对又快""猜一猜""能坐下30只小动物吗""找规律，填一填"，七番轮训后，对于"9的乘法口诀"同学们已背得滚瓜烂熟了。

两节课后，已经到了上午11点20分了，按计划就要回校上课。竹料五小的杨祥庆校长却一再盛情邀请四位老师与竹小全校老师开展教研座谈会，由于盛情难却，因此延续了近一个小时的教研论坛，竹小的老师们对两节课赞誉颇高："高效！是彭老师这节课的最大特点。一节课中，品词、品句、拓展、延伸，一步步，非常清晰。""非常注重学法的指导，彭老师这堂课在细节处理上尤为出色。彭老师的教态、语气、都非常有语文味，循循善诱、行云流水，太好了！"最后，竹小杨校长也及时做了总评："两位老师的个人素养非常高，彭老师对课文的重新构建，显示了教师深厚的基本功，浓浓的深情，让听课的老师都深受感动。语文课中我们想要的东西，这节课里都有了。我校教师想要学到手，就要朝这个方向走。"杨校长说："数学课值得我们学习之处有很多：一是'课前小研究'，较实用高效；二是'动手游戏'，学生很喜欢，且终身受用，刘老师给我们带来的是一节有'思考力'的好课！"

做一名语文教育的追梦人

——白云区小语课改交流培训会

2014年3月19日，由白云区教育发展中心组织的小语课改交流培训会在我校举行。我校曾秋莲老师执教的语文课《中彩那天》好评如潮，之后，曾老师还做了《前置性作业与整体教学设计的关系》的精彩讲座。在培训会上，集贤小学的王庆华老师做了《以学论教——导学案的实践探索》的经验交流，江高中心小学的沈老师主讲了五年级语文课《草船借箭》，参与上课的四年级（6）班学生和五年级（2）班学生的出色表现，赢得了与会的来自白云区各所学校100余名听课老师的阵阵掌声。

上午9点50至10点半，曾老师做了《前置性作业与整体教学设计的关系》的精彩讲座。曾老师讲道，前置性作业也是课程资源的一座宅矿，前置性作业是为课堂服务的，它不是一个独立的个体，它是先学后教，以学定教，以生为本的一道门户，也是为实现课堂上有效学习甚至高效学习准备的，这是它的显性价值；它的核心价值在于通过前置性作业的学习环节，能更好地整合课内外学习资源，培养学生自主自觉学习的习惯、质疑问难的意识和提高独立学习的能力。它的作用和所有的课程一样，都是为提高学生的语文能力和语文素养服务的。

近两年，广外外校继生本教育实验之后又进行了“单元整体课程设置体系”七课型的实践研究，它是集语文的字词句篇语修逻文为一体，熔学生的听说读写习惯养成为一炉，打造着眼于提高学生语文素养的单元整体课程设置体系。七种课型主要是指：① 书法课，书法是语文最基础、最重要的素养之一；② 单元通读课，培养自学能力，教会学生宏观把握，在学习之初就有单元意识；③ 教材品读课，完成阅读教学的核心任务；④ 拓展阅读课，广泛的课内外链接，是学生引经据典、旁征博引的源头；⑤ 表达交流课，是传统课型“口语交际”和“写作”的高效整合；⑥ 知识整体练习课，既是练习、复习，更是整合、提升；⑦ 复习评研课，指向应试，实质上是学生自己教会自己的应试。不同课型有不同的前置性作业设计，曾老师现场向听课的老师呈现了五种课型的前置作业以及前置作业在课堂中的实施策略。

最后，曾老师谈道，前置性作业是以一个重要的角色——课程资源来介入语文教学过程的，它是对学生语文的课内学习与课外学习的有效整合，学生可以在前置性作业体验中获得自我学习的能力——解决问题的能力、获取信息的能力、质疑问难的能力，从而体验自我学习的成功与快乐，同时也培养起自觉学习的习惯与意识，通往语文学习的光明和自由之路。

我们要有资源意识，新课标中提到，“语文老师应高度重视课程资源的开发与利用，创造性地开展各类活动，增强学生在各种场合学语文、用语文的意识，通过多种途径提高学生的语文素养。”我想，我们首先就要利用好自身资源，教师是课程资源的一部分，解读教材的过程，教学策略设计的过程，课堂教学组织的过程，设计前置性作业的过程等等，就是个人课程资源的一次重组，通过自己的深加工与具体实践，助学生的语文学习一臂之力。这也是课程资源中最弥足珍贵的。

我们还要有课程的概念，让学生的日常生活、体验、感知、阅读转化为课堂理解、涵咏、展示与内化的过程，这样，学生就能实现积累语言、积累生活、积累情感，从而感受到语言文字的优美和文章的奥妙以及文学的精深，获得语文能力与精神世界的双丰收。我给自己的定位就是要学着做这样的人，尝试去做这样的事情。

圆桌掠影

整合资源　依托优势　追求高质量语文教学

——新学期教研工作研讨会

2007年9月3日下午，小学部高语组16位语文教师济济一堂，在小学部高教楼第二会议室参加了新学期第一次教研例会。小学部高语组教研组长蒋国冰老师对会议的组织形式进行了大胆变革，改变了常规的“一言堂”讲座模式，采取人人发言、议论纷纷的“研讨”方式，双向互动、多向互动，会场气氛热烈。小学部教务主任叶和丽老师参加了会议并作了重要讲话。

大会伊始，蒋国冰老师提出了《整合资源　依托优势　追求语文教学高质量》的新学期工作构想。他分析了高语组的工作现状，明确了新学期工作目标，勾勒出了高语组教研工作的主要内容和相应措施。首先，蒋老师深入剖析了高语组的工作现状，提出了“八项注重”和“四点思考”。“八项注重”：注重常抓学生的语文素养；注重学生良好的语文学习习惯的养成；注重学生学习语文的状态、方式、效果、情绪等；注重培养学生的学科特长，努力为学生寻求校外获奖的机会；注重引导学生的课外阅读；注重提高高语组教师的科研能力；注重落实“生本、生成”意识，有效提升课堂质量；注重提高备课组活动的实效性。“四点思考”：

如何促进“有效课堂教学”向“高效课堂教学”的跨越？如何促进学生的全面发展？如何促进教师的专业发展？语文教学最本质的内容是什么？在谈到新学期工作目标时，蒋老师着重强调了要努力抓好“课堂教学”这一个主阵地，落实“高效教学”各项目标，努力推进“六项工作”，即规范教学常规管理，全面推进高语组各项工作；提升学生的语文素养，促进学生的健康发展；继续致力于培养学生的阅读感悟能力；探索“轻负荷，高质量”的高效课堂，促进教师的专业发展；关注教师的身心健康，提高高语组教师的职业幸福感；整合学校阅读资源，与校图书馆携手，进一步引导学生的课外阅读。

在谈到本学期高语组工作操作层面的相关问题时，蒋老师列举出了九个工作要点，即每月寄出学生的优秀作文；继续开展富有语文特色的第二课堂；检查落实口语交际教案，指导好学生的语文实践活动；有效召开教研主题例会；四年级语文备课组负责“世界文化巡礼展板”的相关工作；主题研讨课一定要突出“生本”和“生成”理念；教师的业务考核要体现出层次性；本学期的科组活动着力培养学生阅读中的语言感悟能力；每周要提前制订出工作要点。在蒋老师提出新学期工作构想的同时，与会老师对相关话题，随机进行了饶有兴致的“对话”。

小学部教务主任叶和丽老师做了《关于语文阅读教学，我们现在还有什么“招数”?》的主题讲话，她讲道，在指导学生有效阅读方面，传统的方子用尽了，例如亲子阅读、列书单、阅读知识竞赛、组织读书节或阅读节、开设阅读课程、举行讲座指导阅读……总感觉阅读的效果仍然没有到位。难道真的是山重水复疑无路了吗？不！有时候，当一块巨大的石头怎么也搬不动的时候，一根小小的杠杆却能掀翻它。所以首先要找准“软肋”，一是“从小”做起，二是从“习惯”做起。其次是要找准培养学生读书习惯的途径、时机和环境。例如，我校有一流的图书馆，可以发挥资源优势，提供阅读环境，让学生去图书馆走一走，教师现场指导学生查阅图书的技巧、读书的方法、读书笔记如何写等。第三是要找准培养学生良好读书习惯的切实有效的具体措施，我们要把近些年来学生读过的书籍梳理一下，体现出系统性、层次性和操作性，各备课组可以想一想具体的执行方案，以便探索出适应“本土”和“本校”指导阅读的方法来。

与会教师对语文阅读教学也展开了广泛而热烈的讨论，曾秋莲老师认为，走进图书馆指导常规阅读的组织形式可以以备课组为单位，各年级分层进行。每次圈定一两个范围或一两本具体的书目，当场指导，让学生触类旁通地感悟一些阅读的要领，现在的问题是：类似的指导，图书馆每次能容纳多少人，什么时段去学生收益最大？彭飞跃老师提出下午“二课”时间不太合适，因为学生在这个时间段报了一些发展特长的“二课”，如钢琴、羽毛球、舞蹈等，如果在这个时间集中指导阅读，有些学生就不能受益。蒋国冰老师谈道，在图书馆现场指导阅读这种范式可以尝试，教师以“二课”的组织形式轮流值班，学生痴迷漫画一类的书籍，教师现场可以巧妙引导、纠偏。詹智梅老师另有高见，她说回避不如面对，对于惊险、刺激的漫画类书籍学生往往会爱不释手，可以组织漫画专题讲座或校园漫画节，专门指导学生如何阅读此类书籍。付丽丽老师饶有兴致地提起上学期高语组开展的课文朗诵比赛，她认为学生的参与面广，活动持续性强，较有实效，应该多开展此类活动。鲁亚利老师也有些大胆的提议，她谈道本学期高语组能否把阅读中的内容搬到舞台上做成剧目演出来，有点类似儿童电视剧《快乐星球》，其目的在于引导孩子在阅读中健康成长。杨少华老师建议阅读成果的展示宜体现出年级特点，要有层次性……在谈到阅读成果的考核和展示时，与会老师也提出了许多好的方法，例如，阅读成果的展示可以采取读后感作文比赛的方式进行，也可以是手抄报评比、阅读知识竞赛、评选优秀读书笔记、优秀读书记录卡等。

就如何“关注教师的身心健康，切实提高教师的职业幸福感”这一问题，小学部教务主任叶和丽老师主持召开了一个会后会。蒋国冰老师、涂志强老师、詹智梅老师、项恒鹏老师参与了讨论。叶主任讲道，征得学校相关领导同意，准备组织一个独立于学校行政系统之外的教师读书沙龙，目的是为教师营造一处“澡雪精神、申舒性灵”的佳隅。期间，教师可以喝喝茶、聊聊天、看看书，放松放松，体验让心灵旅行的愉悦之感。

三年规划细落实　丰富内涵勤育人

新年新气象，开学开门计。2008年3月2日晚，四年级组全体教师在高教楼409室召开了新学期第一次工作会议，年级主任陈其升老师主持了本次会议。

会议分为“上学期工作量化考核分析”“本学期工作计划商讨”和“近期重要工作部署”三个议程。年级主任陈其升老师首先通报了上学期级组荣获学校级组量化考核总得分第二名的好成绩，接着陈老师从“三级四等二十四指标”的级组评价体系中深入分析了四年级组上学期工作中的优势与不足，其中，最引人注目的亮点是C级指标评价体系中“学生对教师的满意度”，四年级组得了满分，名列学部第一名。针对上学期工作中的薄弱环节，与会老师也进行了深刻的剖析，并提出了长善救失的相应策略。

在“本学期工作计划商讨”议程中，陈老师提出了“以内涵式发展寻求本年级师生可持续发展”的年级理念，以《三年教育规划》为指针，深入落实四年级“做知礼笃学的学生，养成良好的行为习惯，有良好的阅读习惯”。现阶段的育人目标是，抓好年级教师和学生两支队伍的建设：倡导四年级组教师树立责任意识、奉献意识、服务意识、安全意识、集体意识、效率意识、创新意识，做到合作多一点、微笑多一点、理解多一点、服务全一点、工作细一点，努力使四年级组成为全组教师相互支持、相互理解、团结协作、群策群力的良好集体，营造四年级“团结、愉快、向上”的大家庭氛围。围绕“好习惯、好品行、好风貌”开展学生德育工作，形成“有礼、有序、向上”的主流学生文化，让“爱学习、会学习”成为学生的主流学风，培养具备“良好的习惯、正直的品行、向上的精神和扎实的基础”的好学生。坚持特色活动育人，落实好年级“与圣贤为友　伴经典同行”主题教育活动。引进“十一五”规划课题“自育”教育实验，提升教育理念，丰富级组内涵，让学生在“自育教学”中健康成长。

会议的最后，陈老师还对“二课管理”“卫生保洁”“常规教学”等近期工作进行了相关部署。

例会的作用在于规范工作

——新学期首次基层干部例会记

“例会的作用在于规范工作!”“道虽迩，不行不至；事虽小，不为不成。”2012年2月15日下午，小学部新学期第一次基层干部例会在春华楼阶梯教室召开，出席会议的有小学部学生处及教学处中层干部。小学部6个年级的年级主任，9位教研组长，两个处室的4名干事，生活主管，少先队辅导员等，副校长徐纯主持会议并作了重要讲话。

徐校长首先引用《荀子·修身》的名言，强调了在基层干部工作中执行力的重要性。会上，徐校长通报了开学以来自己巡视小学部各年级各项工作的进展情况，并展示了自己在巡查过程中拍摄的现场照片，对师生风貌、班级文化、安全卫生、课堂教学、常规管理等方面的工作提出了建设性意见。徐校长说，何谓爱岗？爱岗就是热爱集体、热爱工作、热爱学习、热爱生活。何谓敬业？敬业就是对自己的岗位怀有一颗敬仰之心，对自己的工作充满一种挚爱之情。她还随机引用了美国苹果公司创始人之一乔布斯的名言进一步诠释了“爱岗敬业”的内涵：“只有相信自己所做的是伟大的工作，并发现自己内心热爱它，才会自觉地调动才智，让自己得到满足、充实和快乐。”徐校长强调，基层干部和各处室的干事，在任何时候都要保持低调和谦逊的美德，要与自己的上级、同级、下属和服务对象和谐地相处，高效地工作，大力倡导“主动、向上、和睦”的团队精神以及“笃学力行、大胆创新、敢于担当”的工作精神，把“情分”的事当作“本分”来做，少许的主动就能使生活中的运气大增，就能离成功更加接近！学校发展近 20 年来，各项工作中出现一些“高原现象”，这是正常的，但千万不可小视，只有唤醒创业般的激情，才能打开全新的工作局面，才有可能把外校打造成百年名校。

会议持续 40 多分钟，徐校长讲话刚结束，学生处和教学处的领导立即分场召开了年级主任工作例会和教研组长工作例会，把徐校长的重要讲话，落实到各项教育教学工作中。

做生本的德育，做生本的教学

——小学部第二次基层干部例会侧记

“做生本的德育，做生本的教学，致力于学生综合素养的培养，是我们激励和引领的价值追求，也是我们在竞争中取胜的法宝。”2012 年 3 月 25 日晚，小学部新学期第二次基层干部例会在春华楼一楼阶梯教室召开。副校长徐纯主持了会议并做了主题发言，小学部教学处主任叶和丽、学生处主任刘文娟分别在会上做了重要讲话。学生处副主任吴大海、教学处副主任周英、少先队辅导员李蔚，6 位年级主任、13 位教研组长都参加了会议。

会上，徐校长开宗明义地表明了会议的两个主题：一是两处负责人交流近两个月以来的教研教学和德育的情况；二是反馈一些与白云区优势学校的对比数据，为教育教学管理提供依据。

接着，教学处主任叶和丽老师讲了四个要点：其一，开学近两个月以来，教研活动一直有序进行，各备课组会议、教研组会议高效、准时！特别是英语组集体备课坚持得非常好；各项常规活动一直高效推进，如“读书节”的相关活动，送教下乡工作也开展得有声有色，例如，送教到良田，把白云区的各校备课组长、教研组长请进学校听课，并对我们的教师进行培训。其二，存在的问题也不容忽视。从课堂状况来看，各年级生本程度有差异，晚自习管理有待提升，学生两极分化较严重。其三，有些工作需要学校层面的支持和协调，如外出教研的用车、春晖楼教学设备的老化、学生国画用品的购置、无声晚自习和有声英语诵读预习的协调、各年级学生行为差异、年轻教师生育扎堆，代课老师难请、新教师住房问题等。其四，下一阶段工作仍然要以“生本理念”为指导，郭思乐教授是从哲学层面提出“生本理念”的，我们在实际工作中要将其转变成教育教学的“生本理念”，具体就要做好几个幼儿园的来访工作，教学开放日工作及《阅读及阅读指南》的校本课程编写工作。

接下来，学生处主任刘文娟用“新、有、特”三个字概括了开学近两个月以来的学生管理工作，她讲道，其一，开学初，主要从“教师激励”“学生引领”两个层面做好了德育价值的引领工作，认真审核各年级组的计划、一对一的讨论和交流；其二，扎实推进各项常规工作，如以学部的角度统一指导召开了“班级文化建设”“眼操”“禁毒”等专题班会，规范学生行李箱的使用，“阳光大课间”呈现学段特色，中午教师值日制度的建立，家校联系电话记录，后进生的个案跟踪，学生自主岗位的锻炼和教师的专业化成长；其三，现阶段存在的问题需要及时跟进解决，如第四节课的教师值日活动，个别老师没有做到位，个别专业课室没有按照疾控的要求及时开窗通风、各年级学生行为偏差较大。

然后，徐校长作了重要讲话。首先，徐校长对两处负责人的讲话作了简要的小结，她认为，总体感觉各项工作都在有序进行。教学处在学科建设方面抓到了点子上，晚自习、课堂效率是永恒的主题，但对学生的学习情况现状介绍的比较少。学生处对大课间的管理较有特色，一个年级一个主题样板活动项目都很好，关键还是要看普及程度。接下来，徐校长对上学期白云区省一级优质学校的期末考试分数与我校的期末考试分数作了一个详细的统计和测量，并对各年级、各学科进行了认真细致的科学分析，发现越是到了高年级，我校各学科的优势就越大。尤其是四年级的语文学科，五、六年级的数学学科，都充分体现了我校“轻负荷、高质量”的育人特色。随后，徐校长对教师需要学校协调的用车、学生国画用品购买、春晖楼背投老化、安静晚自习与开声朗读、新教师住房等问题，一一作了解答和安排。最后，徐校长着重强调：“我们对教育现状适时地进行统计、测量、分析，是为了更加有效地指导我校教育教学。我们要做生本的德育，做生本的教学，致力于学生综合素养的培养。”

素质教育不能只开花，不结果

——六年级新学期工作布置会

“素质教育不能只开花，不结果。”2012年8月31日上午，小学部毕业年级新学期工作布置会在六年级(10)班的教室召开。李建民校长引用了教育部中学校长培训中心主任陈玉琨教授的办学观为六年级组全体教师醒脑鼓劲：“一所学校，不抓升学率，是万万不行的！但只抓升学率，也办不成一流的学校！”随后，针对小学部毕业班的工作做了重要讲话。校长助理叶和丽老师应邀参会并做了重要讲话。与会的还有教科室副主任蒋国冰老师、小学部教学副主任周英老师和六年级组的23位教师(1人请假)，年级主任项恒鹏老师主持了会议。

会议9点准时开始，李校长早早就步入了会场，与先到的教师亲切交谈了起来。会上，项老师首先阐释了个人对“质量”一词的理解，“什么是质量？我个人的理解就是‘学有乐趣，考有成绩’。”然后又从“管理培训会”“工作布置会”“质量誓师会”“良策恳谈会”等四个层面主持了会议。

校长助理叶和丽老师充分肯定了小学毕业级的工作理念与操作策略，她还从“年级组管理定位”“全员育人的德育意识”“班级特色文化”“学科均衡与团队协作”等四个方面对毕业级的工作进行了指导和引领。她讲道，年级组管理的主要职责是教育教学管理，侧重点在教师的常规工作、学生的学习习惯。要牢固树立全员育人的德育意识，校内外活动是主渠道，生活区是基地，每一位教职员工都是孩子们的导师，而不是服务员。为了助力班级特色文化工作，学部把中层领导分到各年级蹲点，加强对教育教学一线工作的督促与指导。要把学生的兴趣和习惯放在首位，保证学生有足够的运动时间和展示的舞台，质量不是天天做试卷，各学科间要注意均衡和团队协作。

最后，李校长做了重要讲话。

靠什么基业长青

——广外大基础教育专家委员会成立暨第一次大会

2013年11月2日上午，广东外语外贸大学基础教育专家委员会成立大会在广外外校校史展厅的会议室内举行。现场专家云集、掌声雷动。

广东外语外贸大学校长仲伟合教授主持了大会，会议一致通过成立“首届广东外语外贸大学基础教育专家委员会”，主任委员仲伟合教授、副主任委员顾也力教授、秘书长广外大教育集团总经理孙建军先生。随后，在广外外校二十年校庆庆典仪式的现场，广东外语外贸大学党委书记隋广军教授、广东外语外贸大学校长仲伟合教授为首届“广外大基础教育专家委员会”的专家委员颁发了证书。

成立大会在循环播放广外外校宣传片《培养走向世界的现代人》的序曲中拉开了帷幕。仲校长热情洋溢地介绍了出席会议的专家委员，并简介了广外大集团化办学模式的成果、现状与前景。“不谋全局者不足以谋一域，不谋万世者不足以谋一时。”仲校长诚恳地请各位专家建言献策，努力把广外外校办成中国的“伊顿”。与会专家见仁见智，纷纷发表了自己的看法，简录如下。

毛思慧教授：（澳门理工学院贝尔英语中心主任）能参加校庆庆典并能加入首届广东外语外贸大学基础教育专家委员会我非常高兴，我是广外外校的首批教师，也是学生家长，见证了广外外校为中国基础教育事业作出的贡献，我很赞成广外外校的“生本理念”“校本课程”，一切都是沿着人本主义的方向来实施的。还有，一定要发展学生的个性，不要受高考指挥棒的影响，要让学生至少有一技之长，身上藏有“一把刀”，才能从容面对激烈的社会竞争。更重要的一点就是要有“国际视野”，与外面要有良好的合作。作为家长，逢人就夸外校越办越好；作为学生，能主动地说“我是外校学生”，作为教师，人人都以外校为骄傲，这样，外校的品牌就会更闪亮！

柳恩铭先生：（广州市天河区教育局局长）随着公办学校的待遇越来越高，民办学校留住优秀教师的难度越来越大。以贵校为例，十年前，外校是广州教师工资最高的学校之一，吸引了许多来自全国的优秀教师，现在外校教师的薪酬已经在广州市平均水平之下。教师队伍建设要以内涵建设为主，但待遇留人也很重要，不能忽视。第二，我想谈谈“国际化”的问题。当下资讯已经很丰富，一切都是透明的，教育要在“国际化”与“本土化”中间走出一条路来。无论哪个民族的复兴，无一不是文化的复兴，“根”的问题，在教育中要放到重要位置。中西文化，各取精华者，才能出名师、大家。凡是只走一条偏道的，都成不了大家。

曾优鲜先生：（广州市第七中校长）广外外校的“外”字，应该是有多重含义的，不应该只是指“外语”。“国际化”更多意义上指课程建设的国际化，吸收世界各国的优秀文化，不只是把学生送出国就是国际化。“集团化”办学要有核心产品，更要有核心文化。

刘小明先生：（广州市越秀区教育局党委书记）中国人都在筑梦、追梦。在此感谢外校，让我有这个追梦的机会，以前我一直在小学工作，到了教育局也是分管小学工作的。以前，我知道东风东路小学，也有优秀学生转入到外校上学。因为外校能够搭建许多优质化的教育平台，现在的教育太功利化，尤其是基础教育，这是民族的悲剧！我很赞成“对学生终身发展负责”的育人理念，因为这是“以人为本”，以人为本最重要的一条就是承认人与人之间有差异、有良心、有良知，这样才能搞好教育。

朱超华先生：（广东省教育厅副厅长）很高兴，也很荣幸能成为广东外语外贸大学基础教育专家委员会的一员，今后我将尽我所能为委员会作贡献。每所学校都有自己的立校之本，外校的“国际化”“生本教育”已形成“拳头产品”，要扩大对外的交流。广外外校办学时，还要适应“新形势”的要求。省教育厅正在推行“小升初”考试改革以及“六个严禁”，教育部是

非常支持的。广外外校是广东省办学的一面旗帜，为“民办学校”办学提供了很多宝贵的经验，在每一次教育教学改革中，广外外校都有很出色的表现。

最后，大会主持人广东外语外贸大学校长仲伟合教授讲道，虽然没有足够的时间让各位专家一一发言，但今后每个月都有一次“校长联席会”，届时会请“委员会”的专家们来交流、分享，出谋划策，有了这些平台，广外集团化办学将会卓有成效地蓬勃发展。

我校成功举办首届“二外”教学展示日

2014年6月13日，我校中学部成功举办首届“二外”教学展示日，包括汇报展示课、电影配音、外语歌曲演唱、研讨交流等系列活动，全面展示了我校外语教学的个性化与多元化。

一、“二外”课程，助力学生未来多元发展

上午，在我校副校长谢仁发的陪同下，广外大西语学院书记方华到我校指导“二外”教学工作。广外大西语学院法语系主任杨晓敏教授、法语谢咏教授、西班牙语秦晓莹教授以及广外大东语学院日语刘小珊教授等走进我校，听取了日语李鸿君老师、法语叶韡菲老师、西班牙语李竞星老师的汇报展示课，课后就双语班教学的实施情况进行了调研和沟通。

在黄华楼礼堂，电影配音、外语歌曲演唱、诗歌朗诵等教学成果集中展现。说着日语的“蔷薇少女”，一口西班牙语的“千与千寻”，精通法语的“艾特熊”……经典的动画人物，在大荧幕前闪现，和美丽的三国语言形成了新奇的组合，令人在多元文化的碰撞中收获惊喜。“有趣”

"好玩"是舞台的几位表演者对"二外"活动的一致评价。桃子同学是电影《千与千寻》的西班牙语配音表演者之一，这次活动他们提前了好几天精心进行准备，"用电影配音的方式来学习西班牙语，比单纯的课堂教学要生动得多，我们这几天'玩'得很开心。"

我校开设"二外"班，主要是为了适应经济全球化对人才的需求，让学有余力的学生进行英语之外的第"二外"语的语言能力培训，以期提高未来职业发展的空间与竞争实力。据副校长谢仁发介绍，"二外"课实行小班教学，每周安排五个课时，并聘请广外大教授定期对教学进行调研指导。双语班学生只出不进，按六年进行培养规划，学校计划根据当年的中考政策，力争将来在高中组建独立"二外"班，最终实现"二外"与高考的对接。

此次活动受益的不仅是学生，我校六年级的学生家长也受邀走进黄华楼礼堂，零距离感受"二外"的教学魅力。"虽然听不懂这些语言，但仍能从同学们极富表现力的演出中，感受到不凡的口语实力。"六年级学生家长韩先生认为，学校从初一就开设"二外"课程，这对学生语言兴趣的培养以及学生未来的人生发展规划十分重要。

二、"二外"特色，中学部又添一块金字招牌

下午，结合上午的听课调研与教学成果汇报，专家与我校"二外"教研组老师一起共聚校史展厅，召开我校首届"二外"教学特色研讨会，为"'二外'特色"把脉问诊。学校书记万清华、副校长谢仁发参加了会议。此次会议由教学处主任吕晓波主持。

在听取了我校"二外"组日语、法语、西班牙语授课教师及班主任代表张亚娟所作的教学管理情况汇报后，专家们一致认为，外校教师工作认真负责、爱岗敬业，外校具有超前的育人理念，专家还对"二外"教学的定位、教材的使用、师资队伍的建设、教学方法的研究方面提出了独到而富有前瞻性的意见和建议。

广外大西语学院书记方华认为，办好"二外"要考虑五个关键问题：教学的定位、教师对象的选择、教学队伍的建设、教材的选用以及考核反馈。方书记讲道："我也是外校的家长，外校老师的认真负责、爱岗敬业给我留下了深刻的印象。我认为外校办好‘二外’首先要考虑定位问题：是应付考试（中考、高考）、是增强兴趣、还是为出国留学奠基。如果是为了考试，与教育部、考试厅建立怎样的联系？如果是增强兴趣，教育教学手段是不是太单一了？如果是为出国留学做准备，针对小语种要做哪些调查？其次，教学对象的选择，单纯靠小升初的成绩，恐怕不是按学生的愿意，而是就家长的兴趣来选择的，这样会影响学习效果。可不可以适当让西语学院的教授来挑选具有最优语言学习天赋的学生来学习‘二外’。其三，教学队伍的组建，我们现在是‘自产自销’，能不能像英语一样，让对象国的老师来教，引进小语种外教。其四，教材的选用，一般都是启用双轨制，外国教材一套，本国教材一套，合理利用，不能简单地把本科教材拿来使用，条件成熟，可以由我们教授牵头，开发适合中学生用的‘二外’教材。现在‘二外’班与普通班学费一样，将来可以创新。其五，是如何对‘二外’进行考核？至于是与高考接轨还是定位为兴趣班，两者的考核大相径庭。”

西班牙语秦晓莹教授认为，“二外”的教学中，“选人”和“班额”也是重要的一环，听了上午的汇报和下午的交流，她觉得外校为“二外”做了大量的工作和深度的探索。但语言学习要有兴趣才能学好，现在是按成绩的前 100 名选学生编班，但如果该同学没有兴趣，即便是学霸，“二外”学习的效果也不好。还有班额问题，一节课 40 分钟，一个班 28 个学生，班额有点过大，最理想的学习“二外”语言的人数是 14 人，控制好人数，学习效率才会提高。

法语谢咏教授则希望能够引进国外适合高中生学习的法语教材。“我第一次来大朗，说说我的感受。外校盛名在外，我们法语系很多年轻教师的子女都在这所学校读书，常听他们传外校的美名，今天一见，果然名不虚传，硬件、软件样样都很棒。特别是年轻教师，他们的教学、育人的理念都很新，教学理论研究、实践研究都有一定的深度，对外校‘评价课的标准’我很感兴趣，把学生视为教学的中心，视为小公民，进行人性化的教学。摆在我们学校面前的法语问题主要是教材问题，我们要研究学生的需要，比如市面上没有恰好适合中学生的法语教材，而直接用大学本科生的法语教材，这种做法本身就不合适。因此我建议适当引进一些国外编的、比较新的教材，这样比较好。”

法语系主任杨晓敏教授对学生的语言学习规划提出了合理化建议。“听了法语课，叶韡菲老师是广外的研究生，课程安排得很紧凑、很高效，师生之间互动也很好。西班牙语李竞星老师、班主任张亚娟老师、‘二外’教研组长李鸿君老师的发言，我感到很欣慰，她们想得很长远，三年之后、六年之后，怎样培养一个孩子？我有个建议，要学好一门语言，建一个一流的语音实验室，非常重要！我们大学的学生有五分之二的时间在语音实验室度过，如果按照现在‘二外’的五个课时来算，至少有两节课时在语音实验室上才对。另外，针对学生是否对‘二外’感兴趣的问题，我有三点想法，一是与广州市教育局联系，将‘二外’纳入中考；二是让学生利用假期，到法国的中学或大学学习一段时间；三是积极推荐国内各类语言类大学，让学生心怀憧憬，增强动力。其实，法国比较欢迎中国的学生，我们要与法国领事馆积极联系，法国领事馆也特别希望与中国的知名中学联系，做好这个工作，前途会一片光明。”

日语刘小珊教授对课堂教学目标、方法、特点都提出了个性化意见。“我女儿在外校毕业整整 11 年了，今天走进外校，倍感亲切。我教书 40 年了，有 13 年做系主任的工作经验，针对今天几位老师的讲课、汇报，我谈几点体会：一是教学目标在创新、在突破、在发展。二是，李鸿君老师不愧为北外的高材生，口语流利，自己又是日本人的夫人，严谨、认真、踏实，从里到外透着日本人的味道，很适合教日语。三是，尽快对‘二外’进行定位，具体是兴趣班，还是为实现双语目标教育。目前的定位较模糊，导致学习目标不明确。日语有五级，最高级是一级水平，我建议通过六年的中学学习，达到三级水平即可，然后再分解这一教学目标。教材要根据学生的实际情况来确定，我们的教育对象是中学生，我不建议用‘标准日语’教材，因为那是培训项目，不太适合，我个人也不建议直接用大学的本科教材来学。四是对于教学方法的建议。要创造语言的场景来学习单词，注重对学生的个性培养，现在的课堂是‘合唱’太多，‘独唱’很少，不利于学生的个性发展。另外，课堂上对知识补充时，建议结合课文的重点，考虑学生的接受能力，围绕教学目标进行。五是，如何提高竞赛水平？首先要培养孩子竞赛的意志、斗志，培养孩子为校争光的荣誉感，从应试教育中突围出来，把‘二外’放在综合能力的培养上，因为，今后胜出的，都是综合性人才。要适当给些压力，如果连‘量’的训练都不够，怎么能够胜出？还要加强语言实践，前往对象国，实施休闲游学，让学生身临其境。六是，‘二外’教学的特点应该是趣味性，每一节课都要让学生有轻松愉快的感觉。鼓励加严厉，‘二外’这条路应该坚持走下去。”

听完专家组成员的集中发言后，副校长谢仁发对专家的诊断和建议表示感谢，他说，“‘二外’特色”在外校蹒跚起步了，形势很好，前途光明，实际上，后续的思考还要更加深入，接下来，学校会针对各位专家的建议进行细化讨论，加强执行力，促进外校“‘二外’特色”持续健康地发展。

我校书记万清华做总结讲话，他对专家莅临指导致以感谢并表示，“二外”班的起势很好，一年来，在探索中前进，摸索中总结，接下来还要更加努力。“二外”工作做好了，就能增强外校的优质内涵。同时，万书记对“二外”的教学提出了几点要求，一是要加强教学方法的改革，探索语言教学的规律；二要加强“二外”班的教育管理。万书记表示，学校将进一步加大“二外”信息、设备的投入，对专家提出的良好建议，学校将逐一研究、细化和落实。

彰显员工话语权　落实提案重执行

——校工会委员会、教代会常务委员会新学期第一次会议

2014年1月20日，校工会委员会、教代会常务委员会在学校行政楼第一会议室召开了新学期首次会议。会议由工会副主席朱传久主持，学校党总支书记兼工会主席万清华出席会议并发表了重要讲话。

会上，与会人员讨论并通过了由工会副主席朱传久制订的《校工会

2013—2014学年度第二学期工作计划》。该计划指出，本学期校工会将从以下三个方面开展工作：第一，落实广外外校第三届“双代会”第一次会议精神，已立案的代表议案要件件落实、反馈。有条件解决的及时提交学校领导研究解决，目前没有条件解决的将作出合理解释；工会要继续保持广大职工的“话语权、监督权”等民主渠道的畅通。第二，关注教职工各种物质和精神需求，在学校的统一领导下，不断提高职工们的福利待遇，保持身心健康，进一步体现学校的人文关怀。第三，以活动为载体，在继续开展学校集中性特色活动的同时，充分发挥各工会小组的作用，以集中和分散的方式，开展丰富多彩的活动，使职工成为幸福而快乐的教育者。

学校党总支书记兼工会主席万清华出席会议并发表了讲话。他首先肯定了校工会的工作计划和校工会以往的工作。他指出，本学期校工会的重点工作：一是要收集整理好“双代会”代表提出的各项提案，分别报送学校相关部门的相关领导批示，并将批示意见及时地反馈给广大教职工；二要管理好、用好各种活动场馆，在确保安全的前提下，精心策划、周密部署，组织好各项教工比赛，丰富教师的业余生活；三是要做好离退休教职工、特困和患重大疾病教职工的慰问和救助工作，体现学校的人文关怀。最后，万书记强调，“双代会”代表的提案落实工作，应是工会工作的重中之重，他还对如何落实这项工作做了具体的方法性的指导。

梅梢已传东风信　香阵冲天絮自飞

——“窦桂梅老师教育教学艺术”热研

2014年3月3日下午，小学部高语组在春华楼二楼会议室举行了“窦桂梅教育教学实践研讨会”暨“新学期工作布置会”，高语组共17位老师参加了会议，教研组长文红梅老师主持会议并作了重要讲话。

窦桂梅老师作为一名从一线成长起来的教育家，她的思考、她的实践、她的精神无疑都已经成为小语届的风向标。校长助理叶和丽老师寄语高语组新学期首次教研会并推荐《回归教育本身——整合思维下的〈皇帝的新装〉》一文，在教研例会上与教师赏析研讨。

会议伊始，文老师首先对新加入高语组的肖基林老师表示欢迎，负责高语组财务的叶立坤老师汇报了高语组的教研经费使用情况，随后，文老师通报了上学期期末四、五、六年级参加白云区统考的期末成绩，整个高语组的成绩均名列前茅，接下来，文老师还对本学期高语组的各项工作进行了周密的部署，对新学期高语组的工作计划作了详细的解读。文老师讲道，备课组月小结实行“等级考评制”，常规作业批改实行核查制，期末时再总评。公开课评价实行分项精致评价，继续深入推进“七课型改革”，但各年级应有探索的重点课型，以便深入总结成功的经验。读书节的各项活动要细策划、重落实。必读书目导读讲座是高语组的一张靓丽的名片，是经典就应该传承。对于外出听课学习要积极提倡，鼓励学成归来的老师把好的经验和成果及时与大家分享。文老师还对新学期高语组的其他日常工作给予了细致的提醒。

会议的第二个重要议题是学习和研讨校长助理叶和丽老师推荐的窦桂梅老师的《回归教育本身——整合思维下的〈皇帝的新装〉》一文。大家首先观看了搜狐教育对特级教师窦桂梅的专访，专访中窦老师就几个关键问题一一作答，看了窦桂梅老师的专访后，教研组老师各抒己见，对窦老师的崇拜之情溢于言表。

陈庆胜老师：

《皇帝的新装》是窦桂梅老师教育教学实践研讨会的一节展示课，她的主题是“超越·主题·整合，为聪慧与高尚的人生奠基”。从主题的定位不难看出窦老师对教育的孜孜追求和不懈探索，她始终没有停下教育探索的脚步，她始终在进步。从这节课中不难看出，窦老师的“超越”在于对学科界限的超越，谈到教学方法的超越，她的课堂更多的是对课程观和儿童观的关注。对于“主题”，窦老师更坚定了自己对语文教学本真的思考，她的课堂力求语意和语用的双馨，不厚此薄彼，而是相辅相成。从这节课中，我们能感受到她的大气，“语文已不是孤立的学科，它涵盖丰富，跨越学科之间的界限。”这就是窦老师对语文的新的认识视角，这就是“整合”。窦老师的这节课，能让我们感觉到她始终行走在教育探索的路上，她始终是一位“行者”，她也燃起无数有教育追求者的梦想，并甘愿一路跟随……

肖红海老师：

如今的教学，我们不仅要追求课堂的完美无缺，我们更愿意传递一种声音：透过语言文字，让孩子们保有天真和纯粹、保有批判与反思，只有思想力量，才能如阳光般照耀孩子的心灵！我们当下努力，今后依然努力，让孩子们在一节节课中，在未来成长的路上，不被欲望、世故、权力所左右，真正成为拥有“聪慧与高尚”人生的“完整的人”。

正如一位老师所指出的那样：“第一，是我们培养什么样的人以及我们应培养孩子哪些能力？在孩子们小的时候很难说，怎么来解决这个问题呢？关键是要让孩子学会思考。‘学会思考’这几个字并不好做，关键是‘会思考’，这就要给孩子思考的机会，探索的机会，让孩子在探索的过程中学会思考，因为思考不能被替代，也不能被传授。第二，学会思考并不一定是在学校，也可以在家庭和社会中，学习的场所无处不在。第三，要尊重学生，尊重学生的兴趣和选择。”

中国当代教育的培养目标，应该是崇尚个性发展的现代公民，而不是考试机器、应试能手。

学校教育的培养目标，可以更新为“培养现代社会的合格公民”，同时把公民教育、中国传统文化教育、可持续发展教育、国际理解教育、生命教育等作为重要的教育内容。教育应该从最基本的人的发展定位，再给人一个多样性、多元性、丰富性的发展空间，教育即生活，教育即生长。

项恒鹏老师：

听了很多次窦桂梅老师的课，读了窦老师的几本专著，总觉得还没有完全领略窦老师的魅力与风采。我很钦佩窦老师上的“语文课”，但又不仅仅只是语文课。她的课堂呈现出三大特征：其一，多元。通过中英文对比阅读，小组运用平板电脑，选择背景音乐等，将多种学科的元素有机地融为一体。其二，重大。注重挖掘“小学”语言文字背后的重大文化景观。其三，长远。课前，让儿童带着问题走进课堂；课中，多次采取小组合作的方式学习；课尾，又让学生带着疑问走出课堂，为学生的终身发展奠基。

袁颖老师：

尽管窦桂梅老师是一名闻名全国的特级教师，但她仍然给我留下了一种十分亲切的印象。曾在番禺、天河两度现场听过窦老师激情飞扬的授课，她的确气场十分强大，无论哪一节课她都会很快地吸引课堂上所有的孩子和老师。她在课堂上循循善诱，带领学生走进文本、细读文本、体会情感、体验情感，这节课也是如此。大师的课往往很朴实，但他们的切入点和散发点却都是十分精准的。窦桂梅老师曾经说过这样一句话：“儿童应该站在课堂的正中央。”课堂的精彩，一定是学生的精彩。她的说法与我校所倡导的“以生为本”的理念不谋而合。特别是在这堂课中，她的课程整合理念更是与我们这几年提出的课程整合高度契合，她的课堂中，有学科内的整合，也有学科间的整合，学科外的整合，将语文学科和各种学科融合在一起，让学生自然地建立起学科与学科之间的联系以及学习与生活的联系，提升综合素养。而且“预学、共学、延学”的开展，也和我们的生本课堂所倡导的“前置性作业”“小组合作”惊人地相似。窦老师在与时俱进，我们的学校教育理念也在与时俱进。

彭飞跃老师：

当我们还在为“语文课堂上，老师应不应该讲？该讲多少？问还是不问，怎么问?”而苦苦思索的时候，窦老师在《皇帝的新装》这节课上，为我们做了很好的示范。教学改革不论怎样实施，教育教学都不能离开“教师的主导作用”。正如一名优秀的校长决定了学校教师的发展方向，一名优秀的老师也同样决定了一堂课的高度和深度。在窦老师的一个又一个精致而新颖的问题的追问下，孩子们的思维被调动了起来，纷纷旁征博引、滔滔不绝。他们精彩的思辨点亮了整个课堂，引得听课老师掌声不断。他们渐渐走进了文本的深处，穿越了时光的隧道，与作家和译者展开了对话，也渐渐领悟到童话的主题“回到事情本身”。在这堂课上，窦老师多达二十多次的提问或追问，践行了她一直坚持的理念：在跟学生对话的时候，教师要尽量体现对人性的尊重而进行追问和反思。所以，在语文课堂上，语文老师应该讲，必须问。不过，这“讲与问”是基于对儿童言语世界、文化素养和精神血脉的传承，是基于教育的本身“培养完整的人”。

“一个孩子，向最初的地方走去，那最初的，便成了孩子生命的一部分……”——（美）惠特曼。让我们把早开的丁香花都送给孩子们，在他们生命最初的时光里！

叶立坤老师：

怀着一份期待，观看了窦桂梅老师《皇帝的新装》一课的视频，感受颇多。在我看来，窦老师是一个睿智的，充满激情的，有教育情怀的老师。每次听她的课，都有种畅快的感觉，她解读教材的高度和独到的视角，都给了我很深的印象。这节课中，我从所记录的碎片中，整理出了几点收获：① 尊重主体，凸显“生本”。② 夯实主导，把握方向。③

常教常新，尝试“超越”。④ 精妙总结，升华主题。⑤ 深挖教材，厚重文本。

杨少华老师：

“理想照进现实”这六个字可以概括我观看这节课后的感受。我觉得窦老师是一个理想主义者，也是一个现实主义者，她是一个脚踏大地，仰望星空的人，从她的课堂和她的谈话中都可以感受到这一点。就这节课而言，窦老师确定的教学主题是“回到事情本身”这一颇具哲理的观点，从牵动课堂主线的话题“皇帝的新装为何让人迷失”入手，窦老师的教育情怀在其中得到了完整的体现，当然，对于这一哲学命题有些学生悟得多，有些学生悟得少。悟性不同，所得也有区别。就这节课本身而言，窦老师的“人本理想”照进了学生心里，照进了“现实”。“理想”并不一定总能照进现实，但窦老师本身就是一个“理想”，我们难以亦步亦趋。她更大的意义是给我们以触动，给我们日渐麻木、疲惫的心灵以警醒，让我们回头反思日渐习以为常以致有点僵化的教学习惯。这节课体现了“整合”的概念，其中有很多现场多媒体以及音美效果的互动，个人觉得去掉这些，课堂会更显干净和简洁之美。

文红梅老师：

我观察到每位老师都在认真地聆听，详细地记录，每位发言的老师都在充分准备，深入地思考，看到高语组老师的专业和敬业，内心很感动。我们在开学初的教研会上就来研究如何回到语文教育的本身，这特别有意义，希望每次的教研会都能对大家有所带动，有所提升。

我从窦桂梅老师教学的《皇帝的新装》这一课，去寻找跟外校课改理念的契合点，发现有很多不谋而合之处，比如生本，她让儿童站在了课堂的中央；生成，每个教学环节都有生成的新问题和新思想；整合教材，既有文本的点面结合，又链接了其他学科，达到语用和语意的双馨；小组合作学习贯穿课堂的始终；课前预习，有预学单的使用和资料的查找；研发课程，她不以教参作为唯一，而是讲一篇童话后将其上升到哲学的高度，为学生聪慧与高尚的人生奠基；递升的课堂，她整节课都在引领学生做思维体操：发现问题—探究原因—总结道理—延伸阅读—引出新问题；教师的适时和随机介入，学生小组讨论时她拍照，学生小组表演后她采访，学生总结后她巧妙地引入童话的创作背景和安徒生的名言……

窦老师说："当了校长，就能站在教育的高度看待学科教学。"其实，不一定需要等到当校长，只要我们把学生当作自己的孩子，希望他长大后要做个怎样的人，就在你的语文课堂中去引导他们通过对语言文字的探究，参透人心、直抵灵魂，也就是我在上学期教学论坛时说的"应事（世），用正确的人生观、价值观，去应对纷繁复杂的世界，去把事情做漂亮"，让学生"拥有聪慧高尚的人生"。如果每节课前我们都能有这样的思考，那么该教什么，该怎么教，自然就有了方向，因为你的儿童观就是你的课程观。

可能我们无法达到窦老师的高度，但是只要不断地改进，让教学回到教育本身，我们就会感觉到是被学生需要的，也会感觉自己的工作是有意义的，因为我们是学生的重要他人，他们的人生会因为有了我们而有所不同。

教育感悟

素读经典益处多

——“师生同台”项恒鹏国旗下的讲话

各位老师、亲爱的同学们：

大家早上好！

1988年，诺贝尔奖金获得者联合发布了一个“宣言”：“人类要在二十一世纪生存下去，必须回首2500年，从孔子那里吸取智慧。”在联合国大厅里，赫然写着“己所不欲，勿施于人”的中国格言。

“民族的，就是世界的。”在当下以数字化、网络化和多媒体化为表征的全球化浪潮中，如何学习中华民族的优秀传统文化呢？今天向大家介绍一种读书方法——素读法。

何谓“素读”？素读就是不追求理解所读内容的含义，只是纯粹地读。“这种不求理解、大量背诵的方法是培养天才的真实方法，教育的原点是背诵和记忆。犹太教育培养出了很多诺贝尔奖获得者，他们的教育就是以记忆学习为中心，强调反复朗读。”“素读”法直到今天依然是犹太人早期教育的主要手段。他们的孩子从三岁开始就要接受每天六到十个小时的教育活动，其中诵读经典是这个时期的重要课程，每个孩子必须从三岁就开始接受“素读”训练。.

“素读”法跟我们今天的母语习得法到底有何不同呢？

其一，旧时的素读，追求以记诵为目的。把所读的书完全烂熟于心，不像今天这样蜻蜓点水般：翻过千万卷，却没有读破一本书。这种雁过无痕似的阅读，难以取得积累的功效。古人强调要忠实原文、一字不漏地背诵。我们现在常常是断章取义地“选择你喜欢背诵的段落”，这种碎片似的记诵缺少整体意境，往往记得不深刻。更谈不上对作者行文“气”势的参悟了。

其二，为什么要读经典？经典有什么好处？因为“这种经典的作品有一种特殊效力，就是它本身可能会被忘记，却把种子留在我们身上。”

汉语的发展具有非常强的因袭性。早在春秋战国时期，我们的母语体系就已经相当完善了，语言的词汇、词性结构、句法结构以及音乐质感等各方面都已相当成熟。每一个读过诸子百家典籍的人，无不被那精辟洗练、生动优美的语言文字所震撼。

汉语不是一种形态语系，它不像英语那样必须依靠严格的形态变化显示句子的语法关系，中国人写文章，即使不懂语法，全凭语感也照样可以写得文从字顺，不犯语法错误。中国传统语文教学的基本方法就是习得，传统语文教学十分重视学习的早期积累，不问理解多少，先“吞下去”再说，日后再慢慢“反刍”消化。“凡人有记性、悟性。自十五以前，物欲未染，知识未开，则多记性，少悟性；自十五以后，知识渐开，物欲渐染，则多悟性，少记性。故人凡有所当读书，皆当自十五以前使之熟读。”当时也许并不理解，但长大后一旦在新的语境中重新接触，往往就会豁然开朗。

老师们、同学们，我的建议是——经典“素读”与课外的海量阅读齐步走。每个学期，我们都有五本必读书目，要求浏览式地读，读情节就可以了。这三年有一本是精读，低段可以是《增广贤文》，高段可以是《中华经典诵读》，要求逐字逐句地读，我总结的经典“素读”的基本操作方法是：大经典，同并进；放声读，能成诵；重记忆，轻讲解；诵新篇，常温故。

老师们、同学们，让我们把“素读”经典作为母语学习的主要途径！因为这是最便捷、最有实效的方法，请大家珍惜“课前三分钟”“早读时间”“晚读时间”，做到课课诵、日日诵、周周诵、月月诵，让经典之声充满校园，让经典名著陪伴我们健康成长。

谢谢大家！

勤读经典　诚学圣贤

——“师生同台”孙希雅同学国旗下讲话

敬爱的老师们、亲爱的同学们：

大家早上好！

我是四年级（2）班的孙希雅同学，我很高兴在这个空气清新的早晨，能作为四年级的学生代表，与大家谈谈“读经典学圣贤”的那些事儿。

圣贤的经典是璀璨的明珠！蕴含着中华民族的美德、胸怀和风骨！圣贤的经典是灿烂的星辰！闪耀着中华民族的情趣、智慧和灵魂！

同学们，大家常常误认为“圣贤”与“经典”离我们的现实生活太遥远，高不可及，所揭示的道理会使人云里雾里。我认为恰恰相反，“圣贤”与“经典”并不是我们所想的大道理，多么深奥难懂。而是平常生活中存在的真道理，无时无刻不在我们身边。就好像太阳每天东升西落、同学们的学习和生活一样，离我们很近！

我们四年级的每名学生都有一本《中华经典诵读本》，里面共选古诗文287篇，分为先秦诸子著述、历代诗歌精编、经典词曲集锦和历代散文荟萃。事实证明，儿童时代是记忆力最高效的时期，也是学习语言、积累文化的最佳时期。经典古诗文内涵丰富而深刻。背诵经典，可以不求甚解！但要趁年少记忆力强的时期，多背诵经典，必将受益终身。背诵是硬功夫！但也有良方可循。比如可以将单独背和集体背相结合，可以按作者背，可以按专题背，可以开展竞赛活动背，或可以邀请父母一起背。我们四年级每人还有一本语言记录本，积累属于自己的语言宝库。每堂课前，我们会开展“每日一句”“每周一诗”背诵活动。书声琅琅，其乐融融，坚持不懈。就这样，同学们在每日、每周、每月的经典诵读中被熏染、被感化。就这样，圣贤的品行、经典的道理，变成了同学们优雅大气的“品行涵养”，变成了同学们终身受益的“精神财富”。

同学们，道不远人！德贵在行！让我们多去阅读圣贤书籍、勤学圣贤品行，在圣贤光芒的烛照下茁壮成长！

谢谢大家。

办一所没有特色的学校

——“全国班主任高端研修班”活动

2013年4月19日至20日，小学部20多位班主任在主任刘文娟的带领下，参加了在广州白云区云海星际大酒店旁的海军学院大礼堂举行的“全国班主任高端研修班”，全国名师李镇西、深圳名师陈晓华、南京名师郭文红到场做了讲座。

特级教师、成都市武侯实验中学校长李镇西讲座的主题是《做一名富有灵魂的班主任》。怎样做一名富有灵魂的班主任？李校长讲道，一名教师是否“优秀”不是最重要的，是否“卓越”更无关紧要，最关键的是，是否“幸福”！“优秀”与否是别人评价的，“优秀”教师是有限的，因为这往往和机遇甚至人际关系有关，但幸福的教师有千千万万，而且就在我们身边，或者就是我们自己！因为“幸福”与否是自己的感觉。教育的目的是什么？应当使儿童成为什么样的人？儿童应当成为“自由的人、渴望知晓美好事物与伟大事物的人、心地善良的人、独立思考的人、宽容他人的人，同时又是能够谋到职业并以其劳动为生的人。培养其对真、善、美，伟大与深刻事物的欣赏，对假、丑、恶，渺小与平庸事物的厌恶，这便是教育者为儿童所承担的工作，这便是对儿童最好的爱，这便是对儿童的尊重”。

还有，“对孩子的依恋之情——这是教育修养中起决定作用的一种品质。”（苏霍姆林斯基），与孩子们心心相印，彼此依恋，把这种“依恋”

化为每天的教育行为。让学生从平凡的生活中感受到爱，教会学生如何去爱，引导学生感恩父母、崇敬父母，班主任要善于创造集体舆论，把自己对某位学生的关心、表扬、批评转化为班集体对某位学生的关心、表扬、批评。把每一次突发的事件当作教育的契机。教师应该让教育充满一种浪漫气息，若干年后，我们回忆起我们的教育生活，仍然会怦然心动，会热泪盈眶。接着，李校长讲了邹冰、胡夏融等5名学生的跨度20年至30年的充满亲情和爱意的鲜活案例。一封书信、一架相机、一篇小说、一份班级公共财物、一张陈年照片、一段视频资料……李校长娓娓道来，由青丝到白头，听者无不动容，莫不感慨：教育，就是富有灵魂的积累。

“我们始终只是一个在教育途中迷惘的探索者，我们始于迷惘而又终于更高境界的迷惘。”4月20日上午，深圳市名师陈晓华作了题为《班主任成功突围》的讲座。他主要讲了五个方面的内容——情感突围，享受班主任的“情”；心态突围，对准班主任的“弦”；管理突围，构建管理的“法”；家校突围，结成教育的“网”；创作突围，拿起手中的“笔”。“教育的过程就是一个不完美的人引领着另一个（或一群）不完美的人追求完美的过程。”富有激情的演讲感染了在场所有的班主任。

“不必用堆积的荣誉来证明教师的成功，班主任的光荣就印刻在学生的记忆里。”“我愿意用爱、用情、用智慧和孩子们一起编织故事，让自己的生命和孩子的生命互相重叠并交相辉映，这是教育职业的意义，这也是我的幸福所在。”4月20日下午，名师郭文红作了题为《创建和谐班级——营造学生健康成长乐园》的讲座。郭老师讲道，作为班主任，我无力改变课程，更无法改变现在的教育制度，但我愿意尽我所能，在班上开展可种各样的活动，为孩子们创造尽可能多的快乐。一个班集体如果除了上课就是考试，是不会让学生产生情感的。一次又一次的花样翻新、妙趣横生的活动，使班内始终充满了生机并对学生保持着一种魅力，学生会油然而生一种自豪感。其实，我们班在年级里是最特别、最有个性的班级，班里每天什么都可以少，但就是不能少了“笑”，因为，真心教育是心心相印的活动，唯独从内心里发出来的，才能进入心灵的深处。

“袖手无言情更长”，从某种意义上讲，教育就是和孩子一起编织师生的生命故事，并努力尝试追求完美的结局。

弦歌不绝——一种沉寂了近百年的读书方法

——语文老师参加“中华经典吟诵”高端研修班

流传了3000多年，但百年来几近消失的中国人的一种读书方法“吟诵”，你会吗？2013年10月26日至27日，在广州城市职业学院广园南校8号楼二楼报告厅，“中华经典吟诵”高端研修三期活动如期举行，此次活动由中华吟诵广东中心泰勒吴先生与北京景山学校吟诵名师朱畅思先生分别主讲《吟诵》与《吟诵教学》。参加研修的人员有广东地区“国学培训机构”的教师、“当代私塾学校”的教师、部分重点中小学“国学班”的教师，我校小学部语文教师李旭、杨少华、叶立坤、项恒鹏参加了研修班培训活动。

吟诵，最初给人的感觉是“有点像梦游、有点像和尚念经”似的读书方法。参加培训活动后，才知道吟诵是中国私塾读书的主要方法，充满了自身的魅力。“吟诵并不难，只要掌握了几条基本的规律，你就可以吟诵百分之九十的诗词。”中华吟诵广东中心泰勒吴先生现场与大家分享了许多吟诵的知识和体会，他讲道：“吟诵，就是用自然音读书，自然音：轻松自然用心发出的声音，字形字音字义与人的思维意象和呼吸高度统一，浑然天成，无需特殊培训，这是天地之音，是符合自然法则之音，是说者和听者都养生的声音。合天地之道，利人利己。”

最后，中华吟诵广东中心泰勒吴先生引用了徐健顺教授的相关见解，说明了吟诵的层次：吟诵是吟咏与诵读的合称。吟咏指有曲调的读法，诵读指没有曲调的读法，吟咏和诵读都遵守共同的规则，吟咏去掉旋律，就是诵读。所有汉诗文，既可吟咏也可诵读。广义吟诵：汉语所有非口语的声音形式，包括唱吟诵念读等。普通吟诵：汉诗文固有的声音形式，为汉文化圈乃至世界所共有。狭义吟诵：汉诗文的读书音，不包括唱和念。多数老先生们强调吟诵是读书腔，尤其特指一人在书斋内独吟，或三五知己相互交流，或在学堂内私塾老先生带着孩子的读书腔，此外，在朝廷和仪式等正式场合读诵奏折、告文、祭文等也是一种吟诵的形式。

家 校 篇

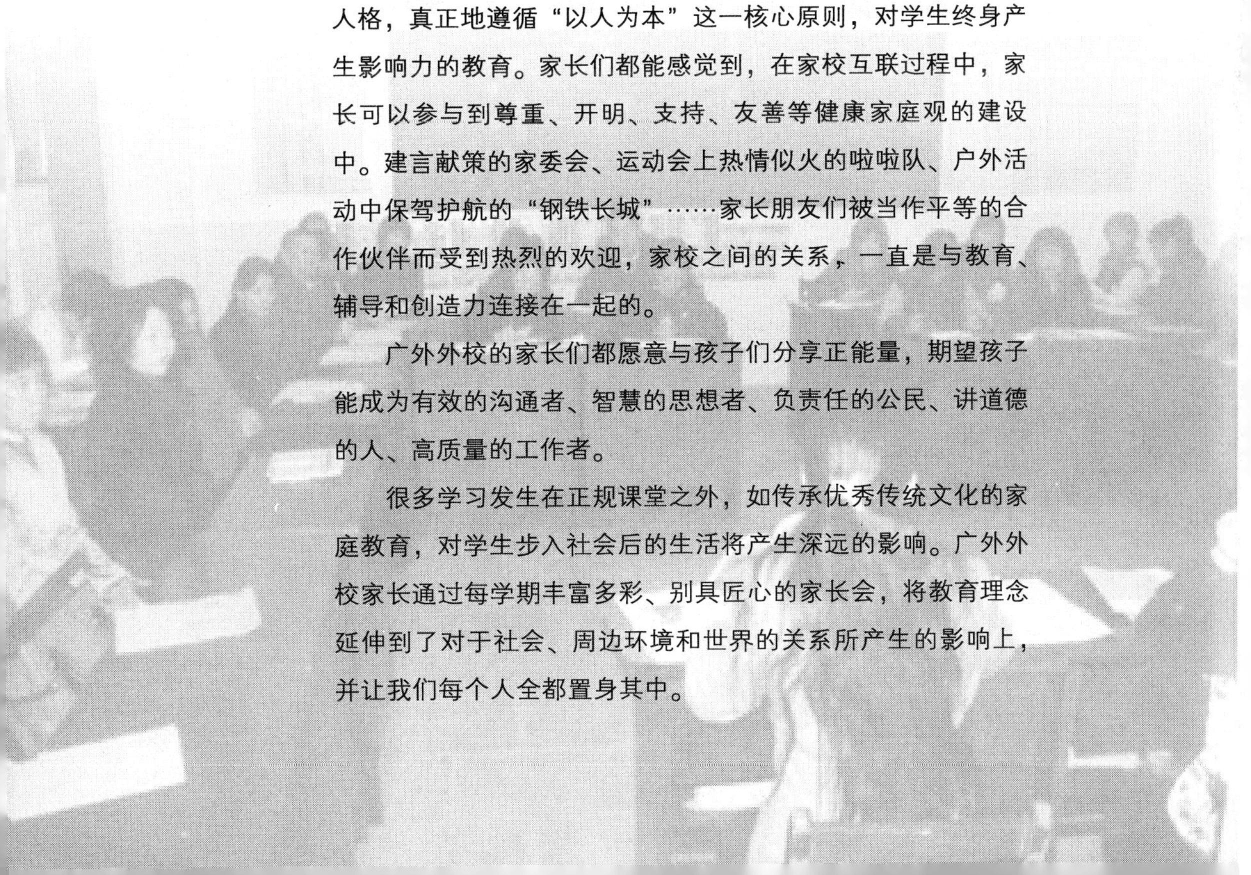

文明其精神，野蛮其体魄。家校合力的教育，一定是塑造人格，真正地遵循“以人为本”这一核心原则，对学生终身产生影响力的教育。家长们都能感觉到，在家校互联过程中，家长可以参与到尊重、开明、支持、友善等健康家庭观的建设中。建言献策的家委会、运动会上热情似火的啦啦队、户外活动中保驾护航的“钢铁长城”……家长朋友们被当作平等的合作伙伴而受到热烈的欢迎，家校之间的关系，一直是与教育、辅导和创造力连接在一起的。

广外外校的家长们都愿意与孩子们分享正能量，期望孩子能成为有效的沟通者、智慧的思想者、负责任的公民、讲道德的人、高质量的工作者。

很多学习发生在正规课堂之外，如传承优秀传统文化的家庭教育，对学生步入社会后的生活将产生深远的影响。广外外校家长通过每学期丰富多彩、别具匠心的家长会，将教育理念延伸到了对于社会、周边环境和世界的关系所产生的影响上，并让我们每个人全都置身其中。

父母学校

扈氏“论语”二十六则

——聆听扈永进老师讲座《如何跟你的孩子聊天》

2013年12月22日下午，校教科室扈永进主任的主题为《如何跟你的孩子聊天》的“新父母学校”讲座在黄华楼举行，我有一位很好的朋友骑着单车到外校聆听，感其诚，我也陪同一起来听，只见扈永进老师聊劲十足，不舍分秒，台下几百名家长朋友们时而笑声迭起，时而思索无声，我也记录了扈氏“论语”二十六则。

一则曰：“听马克思说，爱情是美好观念下的传宗接代的欲望。”

二则曰：“记者问王菲在爱情中学会的最深的功课是什么？王菲从容应对两个字——因果。”

三则曰：“喝咖啡的人都是别有用心的。”

四则曰：“我们国家五天工作制，可是大家都很忙！”

五则曰：“欧洲人经常瞧不起美国人，因为他们认为美国人没文化，不会含情脉脉，不会聊天。”

六则曰：“在座的各位基本上做到了财务自由，请多聊聊天，用一种从容的姿态生活。”

七则曰：“下围棋就是手谈，用手聊。”

八则曰："沟通是人与生俱来的一种本能。"

九则曰："任何人最大的本能就是自我肯定，而不是膜拜他人。"

十则曰："聊天是阻挡不了的。"

十一则曰："我们处于读图时代，一定要善于读图。"

十二则曰："某位伟人说过，人是一种符号动物。"

十三则曰："在孩子成长的众多因素中，最应该关注的应该是孩子的精神样貌。"

十四则曰："老师是对公开知识个性化的诠释者。"

十五则曰："我了解到，引发变化的只有三种事物——物质、能量和信息。"

十六则曰："现在学校的教育，都是批量化、大工业化的教育，有一个追求大的概念在里头，很坏事的。"

十七则曰："我要关注，给了孩子怎样的信息场。"

十八则曰："我们老家有一种说法，男孩子筷子拿得远，媳妇就找得远。虽然有过度诠释的嫌疑，但这句话潜意识中锻炼了男孩子对生活的操控能力。"

十九则曰："我一直认为篮球运动员比较傻，姚明是个例外。"

二十则曰："独生子女，她（他）看什么动画片，你关注什么动画片，只有这样，才与孩子有话说。"

二十一则曰："我认为聊天很重要，人的很多能力，都是聊天聊出来的。"

二十二则曰："正能量，是一种很不科学的提法，我很反对。"

二十三则曰："屋宅兵器少，运势自然好。"

二十四则曰："以色列人比阿拉伯人有风度，以色列人保护妇女、儿童；阿拉伯人让妇女、儿童冲锋陷阵。"

二十五则曰："看曼德拉塑像，想起了一句话——人死了，有淡淡的怀念就好。"

二十六则曰："欧洲大学的教育，都是通识性教育，全都学完以后，才决定发什么专业的文凭给你，不像国内读大学前就把专业分好了。"

小学部三年级家长信“变脸”

为了深入践行“塑造健全人格”这一育人理念，小学部三年级注重在各项常规工作中寻求突破，变革创新，其中，创办《天鹅湖周报》就是变革的亮点之一。从一封普通的家长信到一份“贴近学生、贴近家长、贴近学校”的报纸，这其中经历了怎样的“变脸”呢？

一、变新，“眉目”更清秀

现在的《天鹅湖周报》与以往的《三年级家长信》相比，“眉目”更清秀。

从排版风格上看。以往的《三年级家长信》都是采用 word 软件排版，平面视觉变化不大，难以实现“字块”与“图画”之间的完美融合；现在的《天鹅湖周报》采用平面设计软件 CorelDraw 排版，实现了“图”与“文”、“块”与“块”、“行”与“行”之间的自由切换，排版风格灵活多变，给人以视觉享受。

从办报流程上看。周一、周二各班语文老师基本上能把学生的周末日记批阅完成，各班推荐“好作品”，由吴小玲排好二、三版的学生作文；周三、周四由当周的值周老师完成“年级新闻”和“家教资讯”，发给项恒鹏老师并打出样报，责任编辑负责校对后，项老师再进行合版印刷，周五上午，新一期的《天鹅湖周报》就能及时与学生见面。

从经费控制上看。学校实行年级组经费包干制，办报的经费控制是年级组首先着重要考虑的问题。办《天鹅湖周报》采用的是以往《三年级家长信》的纸张，只是在排版技术、印刷技术上有所提升，起到了“降耗增效”的效果。

二、变甜，“表情”更丰富

栏目、版面和内容的增多，使得《天鹅湖周报》与以往的《三年级家长信》相比，“表情”更丰富。它更加详尽地记录了孩子们在学习、生活和成长中的快乐，太多的甜蜜回忆被定格在《天鹅湖周报》中。

从2006年9月至今，小学部三年级教师共主办了27期《天鹅湖周报》，将108个精彩的版面奉献给了学生和家长。开辟了“班级之星”“家教资讯”“家长信”（包括本周新闻、温馨提示、重要通知）“小荷尖尖”“才艺乐园”（学生书画作品）“动态专栏”“好望角”（数学家的故事、趣味数学题、英语脱口秀、英语童话）“故事天地”等八个栏目。刊载了家教资讯27篇，家长信27周次，专栏4个（科技节专栏、投稿专栏、年级大型主题活动“文明之歌大家唱”专栏、数学冲浪比赛专栏）、故事（成语故事、历史故事、神话故事、童话故事）40则，班级之星130人次，学生习作243篇（其中作文238篇，诗歌5篇）共计20余万字。为“塑造健全人格”搭建了一个扎实的平台。

三、变帅，“精神”更饱满

“塑造健全的人格，就是要让学生具有良好的习惯、向上的精神、正直的品行和扎实的基础。”《天鹅湖周报》创办伊始就以“塑造健全人格”为办报精神，以“好看、实用”为办报宗旨，尽可能多方位地呈现年级文化特色，努力承载更多的育人信息和文化内容，积极充当家长的帮手，老师的助手和学生的益友。

王秀民副校长看了《天鹅湖周报》后，很高兴地称赞道：“这是一份‘贴近学生、贴近家长、贴近学校’的报纸。”她对办报的老师嘱咐了两点：一是，以后每出一期新报，都在图书馆一楼大厅的展示板上贴出一份，让其他年级的同学也能看到，共同分享；二是，整理出一套完整的报纸，从创办的首期到最近一期，送到图书馆“特色阅览室”收藏。

倚壁共谈

同一个梦想

——四年级上学期家长会

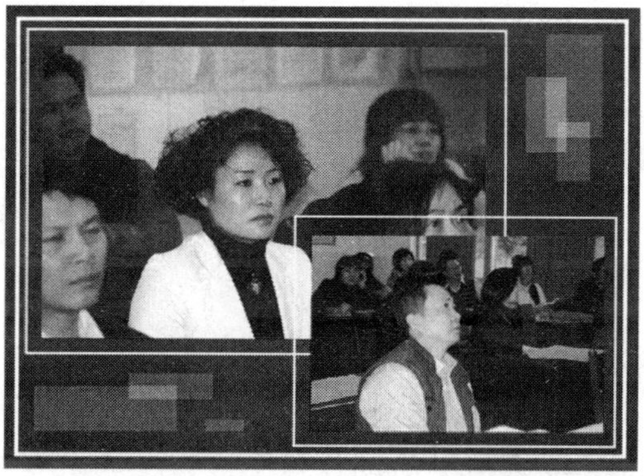

“能走向世界的现代人，不一定只从清华北大出发，我们的教育主要着眼于学生在其原有的基础上取得尽可能大的发展。”“在外校人的眼中，一所好的基础学校，应该是有明确的办学理念、有爱的环境，能让学生的潜力得到充分发挥的地方，一个能让毕业生离开学校后仍然心存感激的地方。”小学部主任徐纯在四年级家长会上如是说。

“四年级学生养成的学习和生活习惯将会一直影响到高三甚至人的一生，分班后短短的三个月里，这支团队（共有 10 个教学班，学生共计 397 人，其中男生 243 人，女生 154 人，学科教师 23 位）已经形成了‘劲足、气顺、实干、创新’的良好氛围。”四年级组主任陈其升老师在家长会上如是说。

“一流的育人环境，一流的教师队伍，让孩子在这样的环境里学习，我们做家长的很放心！”四年级（7）班李俊杰家长在四年级家长会后如是说。

“有爱的地方就有梦想，有梦想的地方就能飞翔，外校就是这样一个有爱、有梦想、能尽情飞翔的好地方！”四年级（10）班学生方思颖同学在四年级家长会后如是说。

2007 年 11 月 30 日下午，小学部四年级组家长会在学校黄华楼礼堂如期举行。家长会采取“先集中听讲座，后进班听班主任与学科老师汇报”的方式进行。首先，徐主任向到会的家长们介绍了我校的先进办学理念、成功的办学经验和本届四年级学生的发展优势，然后，还对出席会议的家长朋友们提出了几条好的建议。徐主任讲道：“在召开家长会前，四年级组老师们做了充分的调研工作，从家长会前调查情况的汇总表中，我看到家长对孩子的期待，如怎样令孩子拥有阳光般的心态？家庭与学校如何进行互动？如何保持孩子的学习热情和对知识的探究愿望？孩子学业难度逐渐加大，家长无法辅导，老师有什么好的办法？我很高兴，对于孩子的教育我们有一些一致的思考与认识，在这里我想与家长朋友们分享一下我们的教育追求——‘为每个孩子的终身发展负责，培养走向世界的现代人’。我们认为，要成为‘走向世界的现代人’，就必须‘先为人、后为学’，要有‘健强的体魄、健全的人格、全面的素质和英语的特长’，这就是我们的育人理念，为了保证这个理念的实现，我们通过‘轻负荷、高质量’的教学模式来拓展学生学习的空间与时间，通过丰富多彩的活动让孩子‘以参与求得体验，以感悟求得发展’。”

陈其升老师向与会家长朋友们做了主题为《教关漫道真如铁　而今迈步从头越》的发言，陈老师首先介绍了本届四年级学生的基本情况和工作思路，然后详细地与家长朋友们分享了近三个月来四年级组活动育人的特色，包括制订并有效落实《三年教育发展规划》；“与圣贤为友　伴经典同行”传承中华优秀文化传统活动；开展“特色强班”系列活动；重在班级凝聚力建设的开学周活动；参加学校《百歌颂中华》合唱比赛；参加学校大队部竞选电视直播；拓展教育阵地，组织秋游活动成为校本课程；参加外校小学生第 9 届运动会；组织“有你有我　绿色校园”红领巾校园警示语征集活动；“阳光动感大课间，健康快乐每一天”活动；积极参加学校“第二届英语模仿大赛”；开展“送温暖、献爱心”社会捐助活动等。还深入分析了四年级学生的年龄特征，针对家长提出的孩子的教育方法问题，陈老师讲出了几点睿智的见解和一些实用的应对策略。

持续一个小时的集中讲座赢得了家长朋友们热烈的掌声，进班后的家长会更是高潮迭起，掌声一浪高过一浪。10个班级的班主任各有各的育人魅力；10个班的学科教师各有各的教学风采。

四（1）班“亲子沟通互动活动”是家长会的亮点，“爸妈我想对你说”“心灵的坦白”等环节拉近了学生与家长间的距离；四（2）班的节目丰富多彩，有合唱、英语模仿、拉丁舞和武术表演。“感谢您——亲爱的爸爸妈妈！是您哺育我们长大！感谢您——亲爱的老师！是您陪伴我们健康成长！”声情并茂的诗歌朗诵把班会的气氛推向了高潮；“情在左，爱在右，走在生命的两旁，随时撒种，随时开花。我以尊重和真诚的爱心去打开每个学生的心灵之门，因为我知道，每一扇门的后面，都是一个不可估量的前程，每一扇门的开启，都是一个无法预测的未来。在我的心里，四（3）班的40个孩子个个都很优秀！”四（3）班班主任孙国华老师以他的真诚打动了在座的每一位家长；“38个孩子、38个家庭、38个希望汇聚在一起，让我深感肩头责任的重大！人的一生，就像在进行一场接力赛，每一棒都很关键。如何让孩子们在小学阶段的后三年跑得稳、跑得快、后劲足！是我一直在思考的问题，也是我工作的一个重心。”四（4）班班主任吴薇老师以数学老师的严谨与睿智，阐释着自己的治班理念；四（5）班的班主任鲁亚利老师讲道：“本学期我们安排学生朗读古诗词，有二十首必背古诗在前一段时间学生们基本上已经能够背下来了，两周前已经换成了读《中华经典诵读本》，现在学生们在读《论语》，每天7点到7点半之间安排学生自主阅读，学生已经能够做到书不离手，这是一种强大的能力。我想他们一定会在‘与圣贤为友　伴经典同行’活动中受益终生的。”四（6）班班主任曾秋莲老师组织了主题为“手与手相握　心与心沟通”的班会，会上，曾老师详细地阐释了自己的育人理念和班级管理策略，并就本班家长关心的“家庭与学校如何进行有效互动”“如何提高孩子的学习兴趣”“怎样培养孩子自主学习法”“如何让孩子在家和在校表现一个样”等问题给予了一一解答；四（7）班班主任吴杰老师主要和家长朋友交流了三方面的内容：一是师生共同成长的故事；二是培养学生良好的行为习惯；三是鼓励孩子参加各种兴趣活动，培养孩子的爱好特长。在谈到学习时，吴杰老师提倡“自主、合作、探究”的研究性学习方式，以学生为主体、教师为主导，引导和鼓励学生课前预习、课中探究、课后过关；四（8）班班主任丁芸老师讲出了自己干班主任工作的10个抓手：“一是真心赞美，鼓励学生；二是制订班规，建立一个有良好班风的班级；三是和学生谈心，及时处理班级的事情；四是关爱行为有偏差的学生；五是让适当的惩罚成为教育的必要手段；六是让学生养成良好的习惯；七是科学合理地调整学生的座位；八是重视班干部的培养；九是巧妙地发挥间接教育的作用；十是重视健康狠抓体育。”四（9）班班主任余贵先老师从“育人理念”“班级目标”“育人策略”“现状分析”“直面孩子”等五个主要方面做了重要讲话，指导家长教育孩子时要做到“了解孩子、尊重孩子、适度期望、扶放有度、承认差异、循序渐进”；四（10）班班主任项老师介绍了班级“情感管理”的特色，并着重对家长提出的“阅读”与“作文”两个方面的问题，认真地做了一些释疑解惑工作。

家长会后，许多家长单独留下来与班主任和学科老师进行深入交流，久久不肯离去。还有许多家长通过电话、短信等方式，交流着家长会上的颇多收获，以下是部分家长的感言：

四（1）班家长：

家长会上太多的家长等着与张老师沟通，所以没来得及与您交谈。幸好当晚接到您的来电，非常感谢！希望张老师能及时发现涓涓有什么不好的苗头并告诉我们，我们将全力配合。谢谢老师的付出！（阎涓涓家长）

家长会虽然开得短，但很有新意，说明老师下了苦心。的确，如何打开小孩儿的心扉是老师和家长一起努力、相互沟通和联系的结果。为了解孩子更多的学习和生活方面的情况，我们要继续合作，给孩子更多展示自我的空间，让他们增强自信，这也是家长和老师的共同希望，谢谢老师的良苦用心。（张思琳家长）

本周，从家长会上了解到孩子在学校的基本情况，也从另一个方面了解到老师对学生的悉心培育。“十年树木，百年树人”，教育学生成才是一项长期而艰巨的工作。但是，我作为家长能从孩子的点滴变化中体会到老师们在日常工作中所倾注的心血。有时孩子的一点点进步却凝聚了老师的殷切希望。希望能在今后继续相互配合，让孩子在双方的关注和努力下，养成更健全的人格。在此谨代表自己和家人向老师致以深深的谢意！多谢您在学校给予孩子无微不至的关怀。也希望他能以优异的成绩报答老师的厚爱！(何杰燊家长)

四（2）班家长感言：

四年级的首次家长会举办得非常成功，真想不到由同学们主持的家长会能如此出色！这肯定离不开各位老师所付出的努力，继续让这份爱燃烧吧！

通过这次家长会，对孩子的在校情况有了全面的了解，并深深地感到孩子的每一点成绩与进步都是通过老师们的辛勤付出才换来的。谢谢您，辛勤的园丁！

在家长会上，学到了很多教育孩子的好方法，我们会尽力配合老师去培养孩子良好的学习习惯，让孩子学会做正确的事，学会做优秀的人！

四（3）班家长感言：

感谢班主任和各任课老师在家长会上对孩子的教育所提的意见和建议，今后，我们会更密切地跟学校老师配合，做好孩子的教育。(罗逸家长)

家长会后，我们和东宁进行了一次很好的沟通，希望她能改变学习的态度，能把精力投入到学习中，东宁本人也希望自己在下次的家长会上，能让爸爸妈妈听到自己作为优秀代表的发言。(袁东宁家长)

这次的家长会开得非常及时，非常成功，意义也很深刻。相信老师们一定为这次活动做了大量工作，费了不少心思，你们辛苦啦！我们家长真诚地向你们说声：谢谢！是的，孩子是我们的，也是你们的，为了孩子更好的明天，让我们共同努力吧！(喻宏宇家长)

四（4）班家长感言：

周五，我们参加了一次很有意义的家长会。让孩子们做主持的形式很好，从串词、演讲词到孩子们的才艺表演，从这些安排中都能看得出李老师等诸位老师是花了很多心思的。我们有理由相信孩子在你们的教导下会走得更好、更稳、更实，也能为今后的学习和生活打下坚实的基础！

孩子在老师的鼓励下进步确实很大！这次家长会上，我很欣慰地看到孩子的进步，不仅语文作文能够参与展览，数学奥赛也得了二等奖，英语也取得了长足的进步，我仿佛再次看到了他二年级时的那种积极向上的影子，非常感谢各位老师的教导！谢谢！

别具一格，极富亲和力的家长会确实令孩子们难忘，更令家长们难忘，感谢老师的精心设计！

四（5）班家长感言：

这次家长会给大家带来很大的启发，从家长会上了解到老师的教学方法、对孩子的严格要求及班级情况。老师们辛苦了！有这几位尽责的老师，相信四（5）班的孩子会越来越出色。（陈嘉欣家长）

家长会开得很成功，内容丰富，可惜时间有些仓促。很为老师与学生深厚的师生情所感动，把孩子们交给你们我们家长放心。（郭崇励家长）

对这次家长会我期待已久，能与老师们共同交流孩子的教育方法更是我期待已久的。听到每位老师对孩子学习方面的要求和期望，更令我心生无言的感激。你们对孩子无私的奉献，对待他们像对待自己的孩子一样，让我更加放心。（李正东家长）

四（6）班家长感言：

参加了家长会，认识了新老师，为孩子有这么优秀的老师深感欣慰，希望孩子在下一阶段能不辜负老师的期望，做好同学们的表率。（邓铭昊家长）

参加家长会对以后教育孩子很有帮助，我们对整个班集体有了较全面的了解，对孩子能在这么好的老师的带领下成长我们感到非常幸运。（李知乐家长）

谢谢老师对孩子的信任和鼓励，各位老师为了班级和全体学生的进步呕心沥血，诲人不倦，在此真诚地表示感谢。（朱宇明家长）

四（7）班家长感言：

通过这次家长会，让我了解到各科老师确实相当地负责，今后，让我们继续共同关注孩子的成长。（黄子威家长）

本周家长会上，看到了老师对孩子的认真和负责，作为家长，心里非常感动。希望所有的孩子都不要辜负老师的付出，努力学习，长大后成为对社会有用的人才。（林嘉雯家长）

本周，很荣幸地参加了这次家长会，让我感受到每位老师对学生都非常负责，多谢老师对孩子的悉心教育。（曾昭荣家长）

四（8）班家长感言

周五的家长会让我们受益匪浅，我们学到了如何在学习和生活中教育孩子，学会了如何引导孩子。感恩外校！感恩老师！

这周召开的家长会很有意义，讲求实效，我们看到了老师们的辛勤劳动和孩子的成长和进步，在此，想对各位老师说声：谢谢你们，你们辛苦了！

三位老师：家长会后我只有一个感受，你们太辛苦了，太累了！你们为这个班操心太多、太多……我们做家长的衷心感谢你们，我们将尽最大的努力与老师配合，把孩子教好，逐步达到外校的教育理念。四年级对孩子来说的确很关键，养成好的习惯非常重要，这点庆欣比较自觉，但她比较粗心，尤其是只爱听好听的话，听不进批评，受的挫折太少，希望老师能严格要求。

四（9）班家长感言：

这周家长会，我和孩子都受益颇丰。从家长的角度看，老师给了我们启发和警示，从孩子的角度，也更加理解老师和家长的良苦用心。（张天怡家长）

这次家长会让我们获益匪浅。回来后，我们在口头作业方面进行了加强，并根据老师反映的情况，认真查找不足。在督促孩子向做得好的同学学习的同时，我们也对照老师介绍的好的学习和教育方法进行调整。（刘昕婧家长）

这次家长会开得很好，让家长更多地了解到孩子在学校的学习、生活和思想方面的情况。培养孩子的过程，同时也是家长学习的过程，即学习如何培养孩子，如何与孩子沟通，如何使其更好地成长。（刘珏婷家长）

四（10）班家长感言：

家长会开展得很成功，希望今后能架设更多家长和老师沟通的桥梁。（李炜萱家长）

家长会上，听了徐主任和老师们的讲话，对学校的教育方式和未来发展规划都非常认同。（董启煌家长）

本周参加了外校的家长会，让我更清楚地体会到教育孩子的真谛。（黄杰桦家长）

说说心里话　携手育英才

——四年级下学期家长会

2011年5月27日下午2点，小学部四年级家长会准时在各班举行。这是四年级同学重新分班后的第二次家长会，十个班的家长会各具特色，赢得了家长们的一致好评。

四年级（1）班班主任张俊敏老师放手由学生策划家长会。上台汇报的每一名学生干部、普通学生都能很客观地看待每一位同学，说出他们的优点和缺点。同学们很喜欢这种家长会，大部分同学都参与了汇报工作，虽然还有部分同学没能参与汇报，并深感可惜，可是他们也在背后做出了不少贡献，这一次家长会也有他们的功劳。家长也很支持这样的家长会，有的家长看到自己的孩子在讲台上讲话，心里当然开心。有的家长看到平时满脸调皮的同学忽然正正经经地在台上汇报，不免时不时会被他们逗笑。这一次家长会不仅锻炼了同学们的胆量、能力，还让家长们了解了孩子的在校情况，是一次让家长满意的家长会！

四年级（2）班班主任陈庆胜老师别出心裁，加大了学生的参与力度，让学生对班级的各项工作进行汇报，让家长更多地了解孩子，也让孩子得到更多展示的机会。同时也让家长更多地参与进来，就学生阅读兴趣的培养和孩子自信心的树立等家长关心的问题让家长代表发言，更贴近家长，家长也更易接受。

四年级（3）班班主任吴杰老师开了一次互动式的家长会，通过学生对外校学习及生活全面生动的介绍和游戏互动，配上小提琴、吉他表演，加上孩子们的轮滑、跳绳、踢毽子等活动，让家长都能够了解孩子在校的学习和生活情况，家长会全程由孩子们主导汇报，活动中孩子们大胆自信，或中文或英文的自我介绍，大方得体、自信阳光，让每个家长感觉到孩子都长大了许多，真正地成为了校主人！也展现了多姿多彩的外校生活。

四年级（4）班班主任吴薇老师策划的家长会气氛较热烈，首先让各科代表分析语数英三科的情况，各小组还展示了自己的表演，有小品“电视节目转转转”，英语话剧“三只小猪”。个人展示有刘洵苇的武术表演和曾志泳的魔术表演，其间，穿插互动游戏“击鼓传棒”，最后是诗朗诵《永远的荣光》。

四年级（5）班班主任余贵先老师策划的家长会很好地启发了家长们的思辨意识，这次家长会以“优秀孩子有优秀的理由，后进孩子有后进的原因”为话题，组织老师、家长在“成功家长育儿智慧”方面进行了汇报、交流和探讨。此次会议在轻松和谐的气氛中有序进行，与会家长、教师和学生各表己见、畅所欲言，交流了思想，达成了共识。

四年级（6）班班主任曾秋莲老师策划的家长会以学生代表汇报和才艺展示作为主要形式，板块设计精巧。第一板块“我进步，我快乐”，以“个人相册”的形式播放学生在校的生活和学习感悟；第二板块是“我合作，我快乐”，以学生自创的小品、笑话、魔术、歌曲、家长与学生互动等形式进行小组亮相的才艺展示，孩子们的单纯和天真一览无余，深得家长喜爱；第三板块是“我成长，我快乐”，学生代表从班级整体风貌、活动参与、学科学习，生活部表现，努力方向等向家长作了全面介绍，让家长在欣赏孩子才艺表演的同时完全了解孩子在校各方面的情况。

四年级（7）班班主任孙国华老师策划了一个“放心”的家长会，老师和同学们的发言具体翔实，不仅让家长知道了孩子在校的生活和学习情况，也锻炼了孩子们的语言表达能力和写作能力，家长会也像一个小舞台一样，让孩子们上台展示并锻炼能力。家长代表纷纷讲述了 4 月 21

日学校教学开放日的听课感受，让工作较忙，没时间到校的家长也了解了学校的教学情况，让家长对外校放心，对孩子放心，对老师放心。

四年级（8）班班主任丁芸老师策划了一个颇具英语特色的家长会。由学生主持，学生汇报各科学科情况及生活情况，学生交流学习经验。由教育孩子较成功的家长发言，最后由班主任总结，每个环节都能用英语串联起来。

四年级（9）班班主任熊年香老师策划了一个“诗意盎然”的家长会，由家长抽签，孩子背诵。背诵时做到了声音洪亮、流利，有感情，分别按照诗题、朝代、诗人和诗句的要求背诵。家长们在孩子琅琅的诗声、飞扬的文采中渡过了快乐的时光。

四年级（10）班班主任项恒鹏老师策划了一个“幽默风趣”的家长会，首先播放了近一年来的班级活动剪影，并且为每位家长刻录了一张光盘，以留作纪念。然后抛出一个有奖抢答题“人生六个不同的阶段最重要的人分别是谁?”最后，谈到 81 个良好习惯的养成方法，学生汇报、家长讲话、任课老师发言穿插期间，家长会自始至终充满了欢笑声。

弓之道，不在瞄准

——五年级上学期家长会

“真佛只言家常话。”“弓之道，不在瞄准，在于让箭顺势而行。”箭术大师大崎次治说，“射中目标靠的不是瞄准，秘诀在于召唤内在的精神力量，让箭离弦后顺势而行，才能不偏不倚，正中目标。”弓之道看似简单，实则深奥，广而言之，万物之道皆如此，教育之道又何尝不是。2011 年 11 月 18 日下午，小学部五年级家长会在春华楼各班教室召开，经全体教师精心准备，各班以实际班情为准，结合年级的400份《家长会调查函》反馈建议，召开了形式多样、各具特色的家长会，赢得了家长们的一致好评。

五年级（1）班潘炜鹏妈妈：星期五，我怀着期待的心情，参加了儿子入学以来的第九次家长会，但这次比以往决然不同。除了每次必然的三科老师向在座每位家长介绍班级学习情况、注意事项外，本次由班委来组织和主持的家长会，给了我耳目一新的感觉。班主任还特别为家长安排了互动环节，让家长们可以更直接针对各种情况进行有效的交流。各科组长上台汇报情况，也各位家长可以全方位地了解自己孩子在班级里的情况，亦可以让他们有一个展示的平台。在此不禁想对老师说声"老师辛苦了！谢谢您的不离不弃，感恩你们的包容和关爱！"

五年级（2）班庄可心家长：这次家长会让孩子说出了对父母的感恩，孩子们都流露出对父母的真情实感，一次次感动着在座的家长，使得我们的眼睛一次次湿润，这次家长会举办得很成功。

五年级（3）班杨禧家长：这周参加了孩子的学期家长会，看得出吴老师是费了心思去布置这次家长会的，并把整个家长会安排得很充实，让各位老师与家长之间有了一个互动的平台，从而可以充分地让彼此了解，促进对孩子的教育。特别是在"孩子想对爸爸妈妈说的话"一环节，给作为家长的我们确实带来不少的惊喜与感动，也感受到了孩子在不断地长大，原来他们也有很丰富的情态和思想了！在此想对所有老师说声谢谢！最后我也特别要感谢生活老师张老师，尽管接触的时间和机会不多，但从孩子的表现我们能感受到张老师的细心和责任心，其实每一份工作都是苦与乐并存的，只要我们能拥有一颗体会和理解的心就好。

五年级（4）班曹丽珊家长：在周五的家长会上看得出老师们的精心策划，使孩子有表现自我的机会，增强了他们的自信心。家长也深刻体会到老师们的良苦用心，有时真的感到自己不如老师了解孩子，我衷心感谢老师的辛勤付出，谢谢你们，你们辛苦了！

五年级（5）班翁歆家长：周五开完家长会，我感触良多。与同班的优秀学生相比，深感自己的孩子与别人的差距所在，特别是各位老师中肯的发言，激发我们要从现在开始，对孩子倾注更多的时间与精力，这是一个漫长且艰辛的过程，请老师更多地提出孩子的缺点与不足，以便帮助孩子改进，谢谢！

五年级（7）班陈智洋的爸爸：每一次参加外校的活动（家长会、运动会、文艺晚会、毕业汇报等）都让我深深感动，老师们辛苦了，有外校全体老师的负责，我觉得很放心，也很幸运。家长会上老师的要求和建议已经告诉智洋，他表示学习需要更主动，更努力才可换来持续的进步。感谢孙老师！

五年级（8）班游志钧家长：周五的家长会让我感受到了老师的教学理念和辛苦的付出，也更加意识到家庭教育对孩子的重要性，只有在家长和老师的共同努力下，孩子才能不断进步，才能健康成长、快乐生活。

五年级（9）班钟文淇妈妈：在周五的家长会上，看到女儿与几位同学跟老师一起很有礼貌地接待家长，还看到孩子在讲台上大胆的发言，我又惊又喜，孩子们灿烂的微笑和响亮的声音，表现出从未见过的淡定与自信，这都与老师平时对孩子的训练有素是分不开的，非常感谢老师给了孩子们展示自己、锻炼自己的机会，谢谢老师！孩子们好样的！九班好样的！

五年级（10）班谢宇妈妈：本次家长会的收获是最大的，同学们的讲话很精彩，表演很出色，各科老师总结得很详细。会上，给同学和家长们提出了要求并提供了可供参考的方法，以及家庭教育的启示，很值得深思。如赏识教育，守望的距离，海量阅读等，都非常好。

综观各位家长的感言可以看出，只有充分发挥孩子的自主性、能动性，只有充分肯定孩子的能力和创意，才能顺应“以生为本”的大趋势，才能赢得各位家长的口碑。

“相约星期六”，为孩子的人生导航

——五年级下学期家长会

“书声琅琅、议论纷纷、情意浓浓、掌声阵阵……”2012年5月26日下午两点至五点，五年级家长会在各班教室召开。恰逢星期六，许多同学发动了两、三位家长，早早地来到学校参加家长会。家长会前，五年级组教师提前三周印制了“家长会邀请函”“家长会反馈单”，请家长朋友填写自身“关切的问题”反馈给班主任，各班班主任整理好“家长反馈建议”后都进行了精心的准备，其中五年级（3）班、五年级（4）班、五年级（7）班、五年级（9）班、五年级（10）班等班早在本学期初，就开始策划“班级主页”影视片，深受家长的好评。两点整，各班家长会正式开始，语、数、英和生活老师轮番登台，各班的科代表策划的学生展示节目应接不暇，家长代表发言真诚中肯，各班有各班的特色。

杨雅雯和谭帼瞳同学的魔术表演，赖铱霏同学优美的舞姿，马骏同学清亮的歌喉，还有小品表演和魔方比赛！五年级（1）班班主任张俊敏老师策划的家长会令参会的家长朋友们连连叫好，欢声雷动。

五年级（2）班班主任陈庆胜老师就“培养孩子的阳光心态”“如何面对孩子的成绩”“提高语文成绩的唯一途径”“如何面对孩子上网”“合理安排作业时间”等几个问题进行了热烈的探讨。

“面揉得太多会成死疙瘩，有的孩子本来很听话，就是个性不够强，缺乏灵气。而家长还把她看得死死的。这样“家教过度”会堵死孩子智慧的“巧眼”，就像面揉得太多会成死疙瘩一样！一团筋道的好面，一定要有“醒面”的时间。教育要留有“空白”，要给孩子空间，让他们的自发性得到张扬。”五年级（3）班班主任吴杰如是说。

五年级（4）班班主任吴薇设计的“亲子互动游戏”令人耳目一新：心有灵犀——先看、听、闻妈妈的手，等一会儿蒙上眼睛认出自己妈妈的手。听音乐传球——音乐停以后回答问题：什么样的父母是最好的父母？什么样的孩子是好孩子？你最不想听到父母说哪句话？你最希望听到父母说哪句话？你最不喜欢孩子做哪件事？你知道孩子最喜欢的明星是谁吗？

“把你的时间，你的爱抚，你的信任，你的耐心当作礼物送给孩子时，你会是一位成功的家长。”五年级（5）班班主任余贵先老师与家长朋友侃侃而谈，“多一些时间陪孩子、多一些爱抚给孩子、多一些信任待孩子、多一些耐心育孩子”。余老师就培养学生“良好的个性”表达了自己的见解，良好个性主要是从孩子的实际出发，对孩子进行兴趣、爱好、情感、态度、意志、气质、性格等方面的教育，并使其养成良好的个性品质：自主精神、负责态度、创新意识、合作探究、学会交往、学会关心、兴趣爱好、有效学习。

“赏识是孩子成功的阶梯”“适合教育才是最好的教育”，五年级（6）班班主任曾秋莲老师的策划更是别开生面，曾老师组织家长朋友围绕“怎样才能让孩子敞开心扉，与你分享他成长的点滴?”“如何培养孩子的自觉学习意识和自主学习能力，如主动作业、有计划安排学习?”“如何引导孩子与人快乐、和谐相处?”“怎样做才是合格的家长?”等问题展开了热烈的讨论。

“重视学生基本素质的培养”和“注重学生学习能力的提高”是五年级（7)班班主任孙国华老师最为关切的话题。培养基本素质要在平时做到：诚实守信，学会宽容；坐姿端正，健康成长；勤俭节约，杜绝攀比；关爱生命，富有爱心。学生学习能力的提高要重视对其听课方法的培养；重视自学能力的培养；重视思维能力的培养；重视对学困生的帮助和优等生的拓展提高。

气势雄伟的大合唱拉开了五年级（8）班家长会的序幕，班主任丁芸老师策划的“诗朗诵”“英语课本剧表演”“心有灵犀亲子活动”等节目，让家长会现场掌声和笑声不断。

“播片—讲述—介绍—展示—讨论”，五年级（9）班班主任熊年香策划的家长会形式多样，尤其是展示环节更是高潮迭起，包括诗歌朗诵、数学汇报、24点游戏、英语展示，特别是相声与合唱环节，让家长会其乐融融。

学生策划、学生主持、学生展示，在班主任陈其升的参谋下，五年级（10）班的家长会上学生自始至终是主角。刘阳蕾和艾美岑同学现场播放学生自己策划的班级纪录片《铭记恩情　自信前行》，接下来的展示都紧紧围绕“感恩主题”展开：英语感恩节目、中华经典诵读感恩、感恩歌曲演唱、师生感恩现场书法，诗歌诵演《常怀一颗感恩的心》，齐唱《感恩的心》，让与会家长享受到了一场“感恩”的饕餮盛宴。

开完家长会后，许多家长发来感言，现摘录部分家长感言如下。

五年级（1）班王志鹏家长：周六的家长会让我感受到了老师们的辛苦付出和小朋友们的多才多艺，特别是张老师，您在自己的孩子生病的情况下还要照顾好这四十多个孩子，我想真心地向您说声辛苦了！谢谢您！

五年级（2）班陈邦太家长：树立孩子的自信心对孩子非常重要，家长和老师要多鼓励，给予孩子积极正面的引导。同时，家长要和老师多沟通，就孩子的问题多交流，形成教育合力。

五年级（3）班廖敏宽家长：在家长会上，看到敏宽是老师的“左右手”，是同学们心中的“小才女”，孩子在五年级（3）班快乐成长，我们很开心。谢谢老师的辛苦付出！敏宽一定要虚心向优秀同学学习，没有最好，只有更好！

五年级（4）班高扬家长：本周六，参加完班级组织的班会，我有如下几点体会：第一，孩子“长大了”，已不是停留在嘴上的说法，而是实在的事实；第二，如何了解孩子，尊重孩子需要我们从每一件小事做起；第三，让孩子对集体负责，在集体中更好地生活，需要我们更加细心地去培养。

五年级（5）班郭伟臣家长：本次家长会，孩子的表现都很好，让我们看到了他们的成长。在孩子们成长的过程中，正因为几位老师的辛苦教导，才能有他们现在的独立见解、临阵不乱。作为家长，我们感到很欣慰。

五年级（6）班戚嘉怡家长：41个小脑袋，连结着41个家庭，学习和生活中的问题肯定多多，但每次参加家长会都能感觉到曾老师母亲般的心。有老师的专业性，有每位老师全心投入到六班的工作态度，六班一定能成为每个孩子成长的乐土，永远珍藏美好记忆的净土！同样，每次参加家长会，都会为当初孩子和我们共同的选择——广外外校，而自豪！

五年级（7）班刘睿的妈妈：本周末我和刘睿一起参加了五年级（7）班家长会，深刻地体会到了老师的苦心、爱心和辛劳，也了解到了孩子们在学校的情况，我和刘睿都受益匪浅。之后，我会从引导方面和教育方法上改进，刘睿也承诺他会在今后不断改进，取得长足进步，谢谢老师！

五年级（8）班刘树楷的妈妈：这次家长会意义很重大，家长了解了孩子及班里的学习等各方面的情况。更加加强了对学校教学方法的肯定，你们比我们家长的责任心更强，你们给了孩子父母般的爱，家长对你们表示敬意。

五年级（9）班钟文淇妈妈：参加完昨天的家长会，我既激动又感动。感觉孩子们都很积极表现自己，对所学知识都能大胆地表达出来，更难得可贵的是让我们看到了孩子们的团结和互助精神。我要说：孩子，好样的！老师，您辛苦了！

五年级（10）班陈思同妈妈：“感恩”是人与生俱来的本性，是一个人不可磨灭的良知，“感恩”是一种对恩惠心存感激的表示，是每一位不忘他人恩情的人萦绕心间的情感；我要感恩思同的每一位老师，因为你们陪伴着学生的每一步成长，你们的工作没有轰轰烈烈的场面，只是在一方小小的讲台上默默无闻地耕耘、浇灌，平凡而艰辛，却蕴含着伟大，创造着神奇。我要教育女儿，永远都要爱护外校、感恩学校，尊敬老师、感恩老师！

让精英思想成为大众常识

——六年级上学期家长会

2012 年 12 月 21 日下午家长会上，家长们到得分外齐，听得格外专心，六年级的各位老师在各班精心策划的家长会亮点纷呈：

六年级一班：家长会开成了讨论会、交流会和通气会，气氛相当活跃。许多家长朋友还给学校和教师提出了一些针对性较强的宝贵意见，在与家长的交流中，教师发现了家长的智慧并就家长们提出的宝贵意见进行深刻的反思和总结。

六年级（2）班制作了班级特色光碟，让家长对孩子的在校情况一目了然，直观而亲切。各科老师对每个孩子的学习情况进行了分析，也提出了建设性的意见，由此可以看出教师对全体孩子的关注，对每一个孩子都不放弃、不抛弃。

六年级（3）班家长会的主题是：成功让我们共同创造，让每个孩子都闪光。这次家长会由家长与学生共同参与，主持人也是我们的孩子，在短短的两个小时里，同学们充分利用时间进行展示：古筝表演、口算竞赛，无论是学生还是家长都积极参与，诗歌擂台赛中男生表现得也很不错。充分体验到每个同学都很积极活跃、健康开朗，没有因为学习的巨大压力而变得沉闷和压抑，这正是家长愿意看到的精神面貌。努力读书是我们的方向，关键就是要树立健康、乐观、积极向上的人生态度，无论以后面对生活和学习时都可以以健康良好的态度去面对，迎接人生的各种机遇和挑战。

四班这次的家长会由五个人一起创建了一个亲子互动游戏：知识大竞赛。由家长作答，不会的可以由其他家长抢答。都是一些很有趣的题目，如湛江的特色小吃是什么等，所以家长们都踊跃参加，现场气氛十分活跃。

五班家长会上，将六年级语文第六单元的“轻叩诗歌的大门”的综合性学习内容与家长会相结合，在班上举行了一次诗歌知识竞赛。竞赛内容包括：运用诗句填空、每名学生必背一首古诗、七个小组上台朗诵本学期必背的词曲。并请家委会代表担任朗诵环节的评委，竞赛结束后现场评分、评奖、颁奖。

六班家长会以学生的展示汇报为主。分为理想篇、班级篇、学习篇和家长篇四个板块。每个板块以学生的才艺表演，如舞蹈、合唱、快板、小组唱、自制DV、配乐表演等，来展示学生的校园生活、学习收获、班级成长以及内心诉求。家长会上，家长、学生、老师三方互动，形式活泼、内容丰富，紧紧围绕家长会主题内容开展，深受学生和家长的喜爱。

七班家长会由班长肖依婷同学主持，她结合校运会、篮球赛、体育节和每周“十佳智慧之星”评选活动向家长汇报班级建设工作，家长们充分肯定了四支篮球队的组建和对抗赛活动的开展，对班级“快乐学习，健康成长”的班级管理方式表示支持，为同学们积极上进、团结协作、顽强拼搏的作风感到骄傲。家长会上，各位老师详细介绍了每个孩子在校的学习和生活情况。

八班家长会是讨论式。“讨论式家长会”是指针对教育中出现的共性问题，在教师与家长、家长与家长间展开相互交流、探讨、对话的家长会形式。它与传统家长会的区别在于：① 传统家长会的内容由教师独自确定，内容单一。“讨论式家长会”的内容由教师和家长共同确定，内容丰富。② 传统家长会中，教师当主角唱独角戏，家长当配角被动听，“讨论式家长会”中，家长与教师同为主角，都带着问题有备而来。③ 传统家长会中，教师台上讲，家长台下听。“讨论式家长会”上，教师与家长相邻而坐，平等对话。“讨论式家长会”的具体步骤是：① 会前，教师根据家长提出的家庭教育中的共性问题，提前发给家长准备；② 会中，家长自由分组讨论，发表自己的看法、见解，提出解决问题的方法；③ 各组梳理讨论的结果，派代表小结；④ 集体交流、探讨，教师也参与讨论，倾听家长的经验和困惑、建议和意见，并做好记录；⑤ 由教师对家长的讨论进行总结，并分析和解答家长的困惑，双方达成共识。“讨论式家长会”为家庭教育加入了润滑剂，它促进了家长与教师、家长与家长之间的相互交流、相互碰撞和相互学习，共同进步！

九班的学生才艺展示环节让所有家长啧啧称赞，也赢来了经久不息的掌声——高个子卢梓颖与小个子黄韵蓓的相声《百家姓》，从亮相时身高的差异到滑稽幽默的内容和动作，都让人捧腹大笑；黎康铭主演的三句半《文明礼仪要记牢》，字字句句入人心，使同学们在轻松愉快的气氛中谨记“一言一行需慎行”的道理；刘美君和许芸萱给大家带来的歌伴舞让家长们唏嘘不已，由衷地感慨外校的活动育人理念；全班学生人人参与的自创诗歌，以“轻叩诗歌大门”为主题，配上特色的背景和音乐来播放，家长们纷纷拿出手机定格孩子佳作的同时，更感动于孩子的成长。

十班家长会的主题是“责任、质量、冲刺”，这是班委会同学讨论的结果；策划方案由艾美岑完成，体现学生的主体性，培养学生能力，提升学生素质；家长会程序安排，邀请家长和同学发言等各环节也由会议决定，充分体现民主性。孩子们牺牲了课余时间精心设计家长会，学生发言全面展示了本班学生的风采。家长代表的发言令其他家长耳目一新。教师的发言深入细致、诲人不倦、感人至深，家长深受启迪。十班家长会是一个自主、民主、平等、高效，富有深远意义的家长会。

家长会开完后，家长朋友们纷纷发表精彩的感言，现简要摘录如下。

张志港家长：通过参加这次家长会，我受益匪浅，感受颇多，也深深地体会到学校和老师对学生的重视、关心和爱护，也更深地体会到家庭教育在孩子成长和学习过程中的重要性，只有老师和家长共同努力，才能够更好地教育好孩子，才能进一步提高孩子的学习成绩，才使孩子更健康地成长。

张文龙的妈妈：文龙自从上了六年级以后，变得懂事多了，在家能帮妈妈做家务了，非常孝顺妈妈，学习也变得自觉了，能主动完成作业，书写比以前工整漂亮了，以前不喜欢阅读课外书籍，现在开始喜欢了，回到家能主动向妈妈汇报自己在学校的学习和生活情况。令我特别欣慰的是，本学期开学以来，他变得积极上进了，思想和学习等各方面都有了进步。他的这些变化，都是老师辛勤教育的结果，我很感谢老师！

伍隽恺妈妈：孩子们的才艺表演，让家长欣慰于他们的成长与进步。男女生学识比拼，让我们懂得了女生的沉稳和踏实；也了解了男生们永不服输的“倔”劲。家长们的参与让孩子们乐开了怀，也激起了孩子们的学习斗志。老师们的计划说明，让我们家长心里非常踏实，知道如何去配合，也让孩子们懂得自己长大了，是时候按照老师和家长统一确定的大方向去制订适合自己的学习进度，调整自己的生活态度了。这次家长会给我的感受就是一个字“棒”！在此感谢所有老师的辛勤付出！

陈泽浩爸爸：在这次家长会上，我感觉到了外校因材施教，综合德、智、体全面发展的特色。特别是让孩子在欢乐中学习，探索、求知，同时，同学们相互讨教、互相帮助的精神可嘉，科任老师的认真、执着显得尤为突出，对“后进生”不断鼓励，逐一进行针对性辅导、帮助和启发，让家长和学生充满信心，大大提高了孩子们的学习兴趣。辛苦你们了！辛勤的园丁！

贺颖琪家长：家长会上同学们的精彩表演让家长看到了孩子们的成长和进步，内心真的很感动。吴老师的讲评让家长们充分体会到了同学们在毕业班学习的紧张，老师们的辛勤付出，我们也体会到了作为家长应该承担的责任。关注细节，成就未来，作为家长，要针对自己孩子的性格特点，找到行之有效的方法，帮助她顺利度过毕业班的紧张阶段，以优异的成绩升入初中。在此，再次对各位老师表示衷心的感谢！

黄欣洲家长：周五的家长会让我感受最深的是吴老师说的“放手”两个字。孩子们已经六年级了，许多事情都有自己的想法，这次家长会都是由孩子们自己组织的。家长应该从大的方向给孩子以引导，具体的学习和生活细节请放手让孩子们自己去实践和探索。

办学坚持“素质路”　多元外校“创名牌”

——六年级毕业家长会暨“小升初”说明会

“‘培养走向世界的现代人’是我校矢志不渝的追求。务实的素质教育，活跃的师生社团，体系完备的校本课程，方兴未艾的小语种选修课，深受热捧的雅思课程，体育节、英语节、艺术节、读书节、科技节活动等都是我校一张张靓丽的名片，我们现在有了中加班、以后还要办好中美班、中英班、中日班……”2010年5月21日下午，六年级毕业班家长会暨“小升初”说明会在中学部阶梯教室准时召开，广外外校副校长吴玉爱应邀参加了会议并做了重要讲话，与会的500余位家长聆听了副校长的讲话并时时报以热烈的掌声。六年级年级主任陈其升主持了会议。

“鲜桃已泛红，又到刈麦时。”六年级小升初考试在即，而学校对每个小学毕业生的要求是“具备良好的习惯、正直的品行、向上的精神和扎实的基础”。大会伊始，六年级陈老师就近期毕业班工作作了简短的汇报，“本期工作中心是：以‘友谊、感恩、向往’等为成长主题，营造小学毕业氛围，激发六年级全体师生的学习热情；全面提高六年级组各科教学质量；有效落实三年教育发展规划要求。迎接毕业考试和小升初考试，为中学输送更多优秀的小学毕业生。具体做了以下几件事情：一是从细落实安全工作，每月的学生集会，周日的班会，每周五的散学会等，年级和各班都把安全教育落在实处；二是年级主题教育活动“阳光少年在成长”开展了一年，成效显著，6月4日，年级主题教育活动“阳光少年在成长”将和毕业联欢会一起，呈现给各位家长们一台精彩的节目，表彰年级“十佳阳光少年”“百佳优秀毕业生”；三是做细做实促成绩提高，确保合格率。根据各班学生实际，集中每班的“后进生”，分阶段、分层次、分单元，让年级老师分任务进行辅导，查漏补缺，提高“后进生”的基础知识、基本技能，确保期末各科各班成绩达到合格。下一阶段安排：6月24、25日将进行六年级毕业考试，6月27日，我校举行小升初考试，我们在五月份，语文、数学、英语各个学科都会完成一次摸底模拟测试，各学科根据测试情况制订下一阶段的复习计划；模拟测试以后，继续完成第二轮的全面提高条块训练，同时进行第三轮的重点和专题训练。”

接着，中学语文老师与秋季将执教初一年级的教师代表姚小平老师对大家谈了中学的师资优势和校本课程、经典活动等相关内容。之后，中学部教学处谢仁发主任介绍中学的教育教学情况。

最后，吴校长从家长最关心的“分班原则”“中学部管理方式”“家长角色定位”“高中部的发展”等方面做了近40分钟的“小升初”的主题发言。

集中会议后，各班在各自教室召开了小学阶段的最后一次家长会。

各班的家长会以“友谊、感恩、向往”为主题，大多由播放“班级主页”、班主任老师工作小结、毕业前的几点建议、小升初报名表的填写四个部分组成。“班级主页”的播放让家长全面了解了各班班级特点和孩子的成长状况，家长能从短片的播放中感受到孩子的成长和变化。毕业前的建议部分着重关注孩子的情绪状态，在指导学生科学合理安排时间上作提示，会后，家长们都表示家长会言简意赅，高效且有收获。

六年级（1）班张诗涵妈妈：

三年的时光如云般飘过，首先感谢你们这三年来对诗涵的照顾和教育。你们教会了她许多知识和做人的道理。诗涵上课的时候比较容易走神，还比较怕吃苦，点点滴滴，让老师们操碎了心。在这里我代表全家和诗涵向老师们说声谢谢，这三年来你们辛苦了！

六年级（6）班尚玥彤爸爸：

通过家长会了解了升中的情况，心中的疑问得到了及时解答。对班主任曾老师带领下的六班非常放心！家长会上获悉即将毕业的师生之情，深为感动。

六年级（7）班赵首如家长：

5月21日听取了广外外校领导的报告及吴老师主持的家长会，对“广外附设外语学校”有了更加深刻的了解，也更加坚定了我们的选择。

“姚老师很有才情；谢主任非常严谨；吴校长举重若轻，着眼全局，风趣幽默，赢得掌声最多。”会后，家长们热烈地讨论着初次接触的中学部老师的一些印象，六年级（10）班李炜萱的家长干脆在《放飞希望》上写道：“前段时间，我们想带孩子到育才中学区试考，这次参加过六年级的家长会后，我们决定让孩子继续留在外校上初中。”

后　记

欣闻本书即将付梓出版，心中不胜欣喜。

本书稿件多数来源于校园网上两百余篇关于学校的报道，后编印成册，最初取名《中国的伊顿》，后得灵感于广外大校长仲伟合先生在我校暑期管理干部培训会上的一段讲话，“所谓教育国际化是能继承民族文化精髓并正视本民族文化局限，能尊重、能理解、能包容、能学习其他文化。我们要把广外外校办成一所国际化的基础教育名校，从优秀走向卓越。”随即定书名为《从优秀走向卓越——国际化名校的素质教育手记》。

书稿内容几经甄选和提炼，充分体现了广外外校的核心竞争力，质量、特色和国际化办学是广外外校教育国际化办学路径的关键。写作本书的主要目的在于，想通过有关学生、教师和家校三个方面的丰富的学校活动，展现广外外校丰富的育人理念。本书所述活动多是在此前很长一段时间内对学校活动内容的反复遴选与提炼，这些记录学校基层的、教育教学一线的小会议、小活动、小场面、小反思、小叙事的“手记体”，全面展现了广外外校独特的“草根式”的教育智慧，即质量、特色、国际化：质量——教学质量是命脉、管理质量是关键、服务质量是保障；特色——以特色求生存、谋发展、壮实力、创名校；国际化——培养具有现代意识、国际视野和跨文化交流能力的国际化人才。书稿全面清晰地呈现了一所国际化名校素质教育的真实细节，实用、好看、接地气，是广大一线教育工作者推行活动育人的备课手册，是学校管理者实施素质教育的参考书，也是有益于家长们的家教书。

成书过程中，得到了广外大副校长兼广外教育集团董事长陈林汉先生，广外教育集团总经理孙建军先生，广外外校校长李建民先生，书记万清华先生的悉心关怀，在此致以诚挚的谢意。同时，特别感谢校长助理叶和丽老师，她在期末工作繁杂之时，仍拨冗批阅书稿并为本书作序。还有校教科室主任扈永进老师，对本书提出了许多宝贵的建议；校电视台台长张洪亮老师为本书提供了大量的优质照片，对此深表感谢。此外，笔者还得到了聂德森副校长、谢仁发副校长、吴玉爱副校长、徐纯副校长、方建军副校长和校长助理杨如华先生的鼓励，也得到了檀廷国、杨少华、吴宏、李沛娜、肖晓敏、乔凯、王鑫等诸位同事的大力支持，在此一并致谢！

项恒鹏

2014 年 8 月于河北邢台